평생 공부하는 어른이 되겠습니다

평생 공부하는 어른이 되겠습니다

초판 1쇄 2024년 1월 5일

지은이 송수진

펴낸이 원하나
편집 조유진
교정·교열 김동욱
디자인 정미영
출력·인쇄 금강인쇄(주)

펴낸 곳 하나의책
출판등록 2013년 7월 31일 제251-2013-67호
주소 경기도 남양주시 다산중앙로145번길 15, 신해센트럴타워 II 8층 802-76호
전화 070-7801-0317 팩스 02-6499-3873
블로그 blog.naver.com/theonebook

ISBN 979-11-87600-24-4 03100

평생 공부하는 어른이 되겠습니다

인문학에서
배우는
어른의 공부

송수진 지음

하나의책

평범하지만, 제대로 된 어른이고 싶은
사람들을 위하여

열한 살 아이가 마흔 살이 넘은 어른에게 질문을 한다.

"언제 어른이 됐어?"

아이는 얼른 어른이 되고 싶다며 부러운 눈빛으로 어른을 바라본다. 아이의 진지한 표정이 더욱 천진난만하게 보인다.

그런데 이상하다. 아이의 질문에 쉽게 말문이 떨어지지 않는다. 생물학적 나이로 구분하는 통념이 낯설게 느껴진다. 우리는 언제 어른이 되는 걸까?

시간을 거슬러 조선 시대로 가 보자. 당시만 하더라도 어른으로 인정받는 게 간단하지 않았다. 아이마다 성인식에 해당하는 관례冠禮를 치르는 시기가 조금씩 달랐다. 대개 15~20세 사이였지만 정신적으로도 성숙해야 한다는 전제를 충족해야 했기 때문이다.

어른이 된다는 것은, 사회적 존재로서 역할과 책임을 이해하고 자신을 완성하기 위한 긴 여정을 출발했음을 의미했다. 이 과정에서 기성세대들은 아명兒名 대신 사용할 수 있는 어른의 이름인 자字와 그 의미를 담은 글字說을 지어 주었다. 어른이 되는 의식은 주변의 축하와 격려를 받을 만큼 명예로운 통과의례였다.

반면 현대 사회에서 어른 세계로의 입문은 의지나 성숙과 상관없이 무미건조하게 행해진다. 일정한 나이에 이르면 당연하다는 듯 누구에게나 어른 딱지를 붙여 준다. 노동하며 세금 내야 하는 경제적 인간의 세계로 진입한 것이다. 사회는 스스로 어른이 될 시기를 정하도록 기다려 주지 않는다. 막상 어른의 세계에 입문했어도 별게 없다. 삶이 녹록지 않다는 현실을 체감할 뿐이다. 예상하지 못한 수많은 시행착오를 겪은 후에야 삶을 되돌아보게 된다. 그제야 나이라는 게 그저 계산하기 좋은 숫자에 불과하다는 것을 눈치챈다.

이제 기다리는 아이에게 궁색하게나마 질문에 대한 답을 해 줄 차례다. 그런데 어쩌나…… 마흔이 조금 넘으니 이제야 어른 꼴이 아주 조금 생긴 것 같다. 스무 살도 아니고 마흔이라고? 아이의 눈에 실망하는 눈빛이 선하다. 아직은 이해하기 어려울 수 있겠다. 그래도 여전히 어디 가서 내 입으로 "명색이 어른입니다."라고 말하기가 조심스럽다. 그냥 나이만 먹은 것 같아서이다.

도대체 어른이란 뭘까? 한 번 독립적인 날갯짓에 성공했다고 어른일까? 새가 홀로 자유롭게 나는 데 성공했어도 여전히 무리와 어울려 살아가듯, 자기 힘으로 설 수 있다고 해서 이전의 관계를 모두 끊을 순 없다. 달라진 것은 지켜야 할 자기 영역이 생겼다는 것. 그러기 위해서 선택과 행동에 책임질 수 있어야 한다는 것이다. 자신을 객관적으로 바라보는 단단하면서도 올곧은 안목이 필요하다. 그러다 보면 보호받던 둥지에서 벗어나 온갖 아름다움과 추함을 겪어도 자기 존재를 잃지 않고 자신만의 세계를 만들어 갈 것이다.

그렇다면 아직은 스스로 어른이라고 인정하기가 머뭇거려진다. 이제야 뒤늦게라도 의식주를 책임질 수 있게 됐지만, 나는 여전히 살아가는 일에 서툴다. 후회하면서도 늘 주변에 휩쓸린다. 그런 점에서 일정 나이가 됐다고 어른인 것도, 나이가 어리다고 어른이지 않은 것도 아니다. 철이 들면 죽는다는 우스갯소리가 있지만 날 적부터 철든 사람은 정말 소수라며 위안을 삼는다.

그러니 기왕 어른으로 살기 위해서는 인생 공부가 필요하다. 옛사람들은 공부를 가리켜 "마음을 열고 눈을 밝히는" 일에 비유했다(『소학』, 「가언제오」, 안씨가훈왈顏氏家訓曰 부소이독서학문夫所以讀書學問 본욕개심명목本欲開心明目 이어행이利於行耳). 안목을 넓히고 단단하게 만들기 위해서는 주체의 노력과 각성이 필요하다. 저절로 철드는 법은 없다. 하물며 현대 사회에서 인생 공부는 학창 시절 공부만으로는 충분하지 않다. 대부분의 10대 시절을 학교에서 보냈음에도 불안해하며 '나는 잘 살고 있는 걸까?' 매번 묻고 확인한다. 인간은 왜 이렇게 늘 생각이 복잡할까? 답은 간단하다. 인간이 비인간 동물에 비해 고차원적 사고와 감정을 가진 대가이다. 그러니 자신의 삶을 성찰할 수도, 미래를 그려 볼 수도 있으며, 현재에 만족하지 않고 반성할 수도 있다.

그러나 모든 인간이 성장하고픈 마음을 지닌 채 살아가는 것은 아니다. 감내해야 할 삶의 무게가 커질수록, 영혼의 눈과 귀는 오히려 닫고 지내게 된다. 그래서 고대 중국의 철학자 맹자는 "항산恒産이 없으면 항심恒心도 없다."라고 지적했다(『맹자』, 「양혜왕 상」, 약민若民 즉무항산則無恒産 인무항심因無恒心). 항산이란 고정된 생계를, 항심이란 일정한 마음을 뜻한다. 하루하루 먹고사느라 급급한데 인간다움을 잃지 않도록 내면을 챙기라는 말은 가혹할 수도 있다.

그러니 맹자는 공부를 업으로 삼는 선비만이 일정한 직업이 없어도 항심을 지니는 것이 가능하다고 역설했다(『맹자』, 「양혜왕 상」, 무항산이유항심자無恒産而有恒心者 유사위능惟士爲能). 그런데 맹자는 이조차도 가능성이 있을 뿐이지, 완전히 확신하지는 못했다. 항산을 해결하는 일에는 개인의 의지와 노력만으로는 극복할 수 없는, 사회 구조적인 문제가 있기 때문이다. '괜찮은' 국가라면 개인의 항심에 관심을 가지며 이를 챙기도록 적극 나설 것이다. 그런 국가가 등장할 때까지 기다리고만 있기에는 인생이 짧다. 그렇다면, 항산은 늘 상대적임을 잊어선 안 된다. 항산을 해결하기 위해 쫓기다 보면 항심을 영영 포기하며 살아야 할지도 모른다. 그리고 항심이 함께해야 항산도 빛을 발하는 법이다.

게다가 맹자는 이 이야기에 의미심장한 조언도 덧붙였다. 풀과 바람의 비유이다. "자신의 마음을 성찰하려고 노력하지 않는 자는 남에게 의존하는 삶을 살아야 한다"(『맹자』, 「등문공 상」, 군자지덕풍 야君子之德風也 소인지덕초야小人之德草也 초상지풍草上之風 필언必偃). 비유에 따르면 풀은 바람이 불어 주는 대로 수동적으로 산다. 맹자는 공부와 담쌓고 사는 대중이란 존재가 그런 자들이라고 보았다. 하지만 이들도 어떤 계기로 자각하고 실천하는 삶을 산다면, "바람보다 먼저 일어나고 먼저 웃는다"(김수영, 「풀」). 그러니 자신의 의지대로 살 수 있는 삶은 항심을 가지려고 노력하는 자에게 주어진 보상에 가깝다. 남이 아니라 내가 이끄는 삶을 산다는 것은 쉽지 않다. 맹자가 이야기했듯 '책임'을 져야 하기 때문이다. 책임이 무섭다면 남들이 하라는 대로 살면 되지만 이런 삶에는 대가가 따른다. 생각이 필요 없으니 편하게 살아도 정말 괜찮을까? 그렇지 않다면 어떻게 해야 할까?

이 책은 그래도 공부한답시고 그동안 이 책 저 책 보다가 혼자만 알고 있기에 아쉬운 이야기들을 공유하고자 따로 모아 정리한 것으로, 독립적인 어른으로 살아가기 위해 필요한 공부에 관한 이야기이다. 무엇보다 '평범한 어른'으로 살아가고픈 어른들에게 이 책을 권하고 싶다. 평범한 건 별게 아니다. 어른이 어른 노릇을 하며 사는 것이다. 한 가지 더. 이 책이 위안이 필요한 어른들에게 잠시나마 위로가 되고 다시 힘을 내게 하는 책이 되었으면 한다. 솔직히 말하자면 나야말로 글을 쓰며 힘을 내고 싶었다.

벌써 세 번째 책 작업을 함께한다. '하나의책' 출판사 원하나 대표와는 늘 일정한 거리를 유지하며 서로의 삶과 공부를 응원하고 있다. 우리는 서로에게 성실하고 믿음직한 학우가 되어 주기를 기대한다. 특별히 이 책은 조유진 선생님이 글의 논리, 문장 등을 꼼꼼하게 피드백해 주셨다. 이 책이 그래도 나쁘지 않다면, 그건 바로 두 사람 덕분이라 할 수 있다.

마지막으로, 공부를 안 하고 살고 싶은데 왜 공부를 해야 하는지 모르겠다며 나를 들었다 놨다 하는 순형이. 언젠가 너도 어른이 되겠지……. 나태주 시인의 시를 빌려, 멀리서 빈다.

차 례

4부 방법 찾기

1부

인정하기

불확실한 삶과
자유의지라는 선물

2016년 최고의 바둑 인공지능 프로그램인 알파고와 이세돌 9단이 다섯 판의 경기로 맞붙었다. 어느 누구도 누가 이길지 예측할 수 없었다. 이미 결과가 결정되어 있었다면 이세돌은 이 대결에 참여하지 않았겠지만, 결과가 어떻게 될지 알 수 없었기에 자신의 열정을 남김없이 쏟았다.

당시 이세돌이 알파고의 약점을 찾지 못해 무척 괴로워했던 모습이 의미하는 바가 무엇인가? 삶의 불확실성이 커질수록 인간이 느끼는 불안도 비례해서 커진다. 불확실한 세계에 던져졌지만 그걸 회피하지 않고 똑바로 마주하느라 고통스러워하는 이세돌의 모습은 인간의 삶 그 자체였다. 그러나 역설적으로 인간은 자신이 살아가는 이 세상이 불확실하다는 점을 직시할수록, 덜 후회할 가능성을 선택하고자 집중력을 발휘한다. 그래서 설사 패배하더라도 삶이 계속되는 한 도전도 계속해서 이어진다.

그렇다면 인간은 왜 후회하는 것일까? 인과론의 법칙이 지배하는 이론의 세계와 달리, 인간이 살아가는 현실은 정해진 법칙에 따라 움직이지 않는다. 그러니 인간은 여러 선택지 중 나름 최선이라고 생각하는 한 가지를 선택하려고 애쓰지만 실패하거나 오류에 빠지기도 한다. 자신의 판단과 행동을 후회하기도 하는 까닭은 결국 인간의 삶이 불확실하기 때문이다. 그러나 신은 인간을 혼란한 세상에 무심히 밀어 놓지만은 않았다. 자유의지를 선택하고 실천할 기회를 주었다. 당장 내일 어떤 일이 일어날지 확신할 수 없기에 인간은 어리석은 선택을 하기도 하지만 그 반대의 경우를 만들어 내기도 한다. 삶에 변화를 주기도 하고 저항하기도 한다.

잊지 말아야 할 사실은 '우리가 살아가는 세상이란 불확실한 세계'라는 점이다. 이 말은 언제 위기 또는 행운이 찾아올지 모른다는 의미이다. 또한 삶에서 생기는 모든 일은 피할 수 없는 결과이자 정해진 운명에 따른 것이 아니라 순간순간의 선택이 만든 것이다.

그렇다면 사주팔자 같은 경우는 어떨까? 불확실한 삶에 놓인 인간은 예부터 점술에 대한 기대와 신뢰가 한결같았다. 하지만 AI가 족집게 신년 운세를 알려 줘도 불안함이 완전히 사라지지는 않는다. '왕이 될 운명'이라는 점술가의 예언도 자유의지가 개입되지 않는다면 일어나지 않을 선택지일 수 있다. 왜 그런가? 누군가는 왕이 된다는 말에 자신이 왕이 될 그릇일지 고민하고 이왕이면 좋은 왕이 되어야겠다고 결심한다. 매 순간 좋은 왕의 자질을 갖추기 위해 부단히 노력한다. 이런 사람은 설사 왕이 되지 못하더라도 꽤 괜찮은 삶을 살아갈 가능성이 높다.

반면, 누군가는 왕의 운명이라는 말만 믿고 누군가 왕관을 씌어줄 때까지 기다리기만 한다. 운명대로 왕이 되었다면 그게 더 문제다. 아무런 노력을 하지 않았는데도 왕이 되었으니, 이런 자에게 진심으로 충성할 사람은 아무도 없다. 왕 놀이를 누군가의 반역으로 마칠 수도, 왕이 되기도 전에 미친놈 소리를 들으며 실패자로 살아갈 수도 있다.

이처럼 자신의 운명을 미리 알 수 있을지라도 자유의지를 어떻게 행사하느냐에 따라 인생은 실제로 어찌 될지 모르는 법이다. 그러니 삶의 불확실성에 그만 혼란스러워하자. 대신 자유의지를 행하는 순간만큼은 자유롭다는 점을 인정하자. 자유의지는 인간이 인간답게 살기 위해 주어진 무기이자 선물이다.

공부의 영역도 마찬가지이다. 이미 인생이 결정되어 있다면 힘들게 공부할 필요가 없을 것이다. 자신의 의지로 삶의 균열을 깨뜨릴 가능성이 없다면 운명에 순응할 수밖에 없기 때문이다. 이런 삶은 지극히 안정적이라 당장은 좋을 것 같지만 극도로 단조롭다. 그러나 대부분의 사람은 앞으로 어떤 삶이 그려질지 삶이 멈출 때까지 알 수 없는 법이다. 미래를 지나치게 낙관적으로 생각할 필요는 없지만, 그렇다고 지나치게 부정적으로 그릴 필요도 없다. 그저 좋은 삶을 만들겠다는 마음으로 주어진 자유의지를 가치 있게 사용하면 된다. 살아 있는 한 최선을 다해 노력하고 상황에 흔들리지 않으며 그 결과를 묵묵히 받아들이면 된다.

우리는 살아가면서 부딪히는 어려움을 극복하고 더 나은 삶을 위해 애쓰면서 새로운 일상을 꾸려 간다. 결과가 어떻든지 간에 이러한 정진 속에서 내가 살아 있음을 느낄 수 있다. 그런 노력이 있기에 인간은 자기 삶의 크리에이터creator로 살 수 있다. 이것이 바로 '공부'이다. 따라서 공부라는 행위는 '좋은 삶을 희망하기', '자유의지', '가치 있는 사용', 이 세 가지 조건이 충족되어야 함을 잊지 말자. 정리하자면,

공부란 좋은 삶을 창작하겠다는 마음으로
내게 주어진 자유의지를 가치 있게 사용하기 위한 노력

인간은 왜
공부하는 것일까?

사람마다 공부와 거리를 두게 되는 상황과 까닭은 다양하다. 그래도 자세히 살펴보면 가장 큰 이유가 하나 있다. 밥벌이의 고충이 만만치 않다는 것이다. 출근과 조직 생활, 먹고살기 위한 갖가지 노동에 영혼까지 갈아 넣는 상황에서 한가하게 공부라니! 갱년기가 두려워지는 중년이 되면 여기에 또 하나의 이유가 추가된다. 육체가 따라 주지 않는다는 점이다. 주름과 흰머리는 늘어나는데 하루가 다르게 기억력과 집중력은 감퇴한다. 늙고 아프니 서럽기만 한데 공부를 하라니, 놀림받는 기분만 든다.

그 외에도 젊은 사람은 노는 데 골몰하느라, 혼자 사는 사람은 외로워서, 가족과 사는 사람은 감정 소모에 지쳐서 공부할 여유가 없다고 말한다. 그러고 보면 인간이라면 누구나 겪는 생로병사, 즉 태어나 늙어 가고 병들고 죽어 가는 일상다반사를 공부에 방해되는 요인으로 여기는 게 아닌가. 속세를 떠나 살지 않는 한, 사방이 다 공부를 방해하는 적들이다.

여기서 잠깐, 다른 사회도 이렇게 여유가 없는 것일까? 흥미롭게도 네덜란드의 심리학자 헤이르트 호프스테드Geert Hofstede의 '문화차원이론Culture's Consequences'에 따르면 한국 문화는 불확실성에 대한 회피 정도가 큰 편이다. 불확실성 회피란 구성원들이 불확실한 상황으로 인해 위협을 느끼는 정도를 뜻한다. 이 지수가 높은 문화는 일상에서 불확실성을 극복해야 하는 위협으로 여기느라 스트레스와 불안을 크게 느낀다.

한국의 경우 극단적인 자연재해나 범죄 위험이 비교적 적은 편이다. 우리의 불안에는 개인의 주관적인 심리가 크게 작용한다. 외부 상황에 따라 자존감이 롤러코스터를 타듯 흔들린다. 한국의 10대는 진학, 20~30대는 취업, 이후로는 노후와 건강 등, 일생에 걸쳐 타인과의 비교와 경쟁이 치열해 마음의 여유를 챙기기가 어렵다. 무엇보다 안정한 것이 한국인에게는 종교처럼 모셔지기 때문이다. 안정적인 직업, 안정적인 인간관계, 안정적인 노후 등 불확실한 상황을 최대한 제거해 절대 흔들리지 않는 세계에 집착한다.

그러다 보면 공부는 차츰 다음 생애의 일로 미루게 된다. 이번 생에서는 공부에 인연을 두지 않겠다는 말이다. 그렇다면 아무 걱정 없이 공부만 할 수 있는 환경에서 새롭게 태어난다면 공부가 잘될까? 죽음도 없고, 돈도 많고, 건강하고, 걱정이 진공상태인 삶이라면 공부에 진심일 수 있을까? 결론부터 말하자면, 아니다. 그런 계획이나 생각은 비웃음만 살 뿐이다. 처음부터 가정이 잘못되었기 때문이다. 인간이라면 걱정과 근심이 0일 때는 없다. 게다가 공부란 결심만으로 하는 것이 아니다. 모든 조건이 완벽해져야 공부할 수 있다는 마음을 바꾸지 않는 한, 다음 생애에 태어나든, 과거로 돌아가든, 공부와 담쌓은 인생을 바꾸기란 쉽지 않을 것이다. 이런 생각을 하는 사람들에게 다음 이야기를 들려주고 싶다.

조너선 스위프트Jonathan Swift의 『걸리버 여행기Gulliver's Travels』는 1726년에 출간된 세계 명작으로 잘 알려져 있다. 우리나라에는 1908년 최남선이 한국어로 번역해 소개했다. 사실 이 책은 우리가 아는 것과 달리 단순히 어린이의 모험 정신을 높이기 위한 아동용 도서로 기획된 것이 아니었다. 그보다는 어른들을 위한 철학책에 가까웠다. 책 속에서 걸리버는 여행을 다니며 이전에는 경험해 보지 못한 독특하고 새로운 공동체들을 만나게 된다. 그중 스트럴드브럭Struldbrug, 즉 죽지 않는 자들이 사는 럭낵에 도착했을 때 일이다. 걸리버는 스트럴드브럭이야말로 인간이라면 피할 수 없는 죽음의 공포에서 해방되었으니 엄청난 행복을 경험할 것이라며 매우 흥분한다. 그러면서 자신이 '다행스럽게도' 스트럴드브럭으로 태어난다면 그건 행운이라고 말한다. 죽지 않는 삶은 실제로 작가인 스위프트의 희망이었다고 한다.

걸리버는 영원히 살 수만 있다면, 모든 수단과 방법을 동원해 재산을 모으고, 공부에 전념하며, 모든 일을 기록해 지식을 갖추고, 그 지식과 지혜를 바탕으로 젊은이들을 교육하며 존경받는 자로 즐겁게 살고 싶다는 상상을 이어 간다. '죽지 않는다면'이라는 전제하에 걸리버의 소망은 모든 예술과 학문을 공부하는 삶이다. 그렇게만 된다면 다른 세대로부터 존경받으며 즐겁게 살아갈 수 있을 것이라 확신한다.

하지만 걸리버가 한 가지 간과한 사실이 있었다. 스트럴드브럭이라도 노화까지 피할 수는 없었다는 점이다. 즉, 죽지 않는 자들이란 영원한 젊은이가 아니라 노년의 불행을 끝내지 못하는 고통스러운 자들이었던 것이다. 이들은 90세가 되면 치매에 걸리고 육체는 노쇠해지며 고집이 세지고 우울해져 젊은이들에게 멸시와 미움을 받는다. 심지어 평범한 노인들이 자연스럽게 죽는 것을 질투한다. 성격은 갈수록 포악해져서 인간의 존엄성은 망각한 채 무기력하게 살아간다. 다른 사람을 배려하는 마음과 따뜻하고 자상한 미소는 삶의 의미를 잃은 이들에게서 찾아보기 힘들었다.

현대인의 건강 수명을 고려해도 영원히 죽지 않는 삶이란 단언컨대 불행이다. 사랑, 존경, 열정 같은 인간다운 미덕은 오히려 인간의 삶이 불완전하고 유한하기 때문에 더욱 의미 있다. 질병, 노화, 죽음 등의 실존적 상황은 어떻게 살아야 가치 있는 삶인지를 치열하게 탐색하게 해 준다. 영원히 죽지 않는다면 삶에 대한 간절함과 의지는 사라지고, 살아 있음을 자각하지 못하게 될 것이다. 그러니 '다음 생애에', '다음에'는 처음부터 생각할 필요가 없다.

절망과 두려움은 불확실하고 유한한 인생의 숙명에서 누구나 느끼는 당연한 감정이다. 원래 인간은 희망, 용기, 지혜 같은 긍정적 요소보다 부정적인 면을 더 선명하게 인식하는 경향이 있다. 경제 상황, 건강 상태, 들쑥날쑥한 컨디션 등 나를 둘러싼 환경 때문에 전전긍긍한다고 해도 불투명한 미래가 바뀌진 않는다. 오히려 불안과 절망의 늪에 깊게 빠져 헤어 나오지 못할 수 있다.

반대로 두려움에 휩싸여 아무것도 하지 않고 가만히 있어도 늙고, 괴롭고, 죽어 가는 것은 마찬가지이다. 이러면 얻는 것은 없다. 마치 손바닥으로 흐르는 물을 담으려고 해도 끝내 채울 수 없는 것과 같다. 누군가 손바닥에 물을 담을 수가 없다고 낙담한 나머지 다 포기한다면 어리석다고 비웃겠지만, 우리네 삶도 그런 상황과 크게 다르지 않다. 삶은 불확실하기에 절망적이지만, 반대로 불확실하기에 열정과 흥미를 발휘하게 한다는 사실을 늘 떠올리자. 삶을 더 가치 있게 만들고자 노력할 때 불확실하고 유한한 삶에서 조금이라도 자유로울 수 있다.

미국 심리학의 아버지로 불리는 윌리엄 제임스William James는 『결정론의 딜레마The Dilemma of Determinism』라는 글에서 우리가 예측하기 어렵고 불확실한 세상에 살기 때문에 자유의지가 필요하다고 주장했다. 제임스에게는 하버드대학교 교수로 한창 바쁘게 활동하다가 삶에 대한 불안으로 극심한 우울증을 겪은 시기가 있었다. 그는 아침마다 배에 구멍이 뚫리는 듯한 끔찍한 공포를 느끼며 눈을 뜰 만큼 고통스러워했다. 제임스는 자유의지를 이해하면서 비관과 우울에서 벗어날 수 있었다. 우연히 접한 프랑스 철학자 샤를 르누비에Charles Renouvier의 사상을 통해 이 세상은 이미 정해진 게 아니라 자유의지로 바꿀 수 있다는 믿음을 갖게 되었다. 제임스는 자신에게 자유의지가 있다는 사실을 믿는 것 자체가 자유의지가 실재하는 것임을 증명해 준다고 여겼다. 그는 이러한 믿음이 남루한 삶을 향한 '애정을 되살리는 일'임을 확신하면서 오랜 불안과 우울에서 벗어날 수 있었다.

제임스의 주장을 요약하자면 이렇다. '인간은 자유의지를 발휘해 바로 지금 새로운 그림을 계속해서 그려 나갈 수 있다. 불안을 회피하지 않을 때, 우리 안의 우주는 새로운 경험으로 성장한다. 자유의지야말로 인간을 불안과 우울에서 빠져나오게 한다.'

세계의 불확실함을 인정하면 삶을 대하는 태도 또한 달라진다. 미국 자유주의 사상가인 리처드 로티Richard Rorty는 『우연성, 아이러니, 연대』에서 우리가 아는 모든 것이 그냥 우연히 형성된 것이며 고정불변한 실체는 없다고 주장한다. 지식, 언어, 자아, 사회, 세계 등은 무엇도 고정된 것으로 이루어지지 않았다는 게 핵심이다. 로티는 아예 이 세계가 우연이라고 역설한다. 그러면서 오히려 이를 즐기라고 말한다. 세상은 원래 불확실하므로 틀에 박힌 안정을 추구할 게 아니라 자신의 언어를, 자아를 창조하는 자가 주인공이 될 수 있다고 말한다. 창조자가 되기 위한 시작은, 지루하게 들릴 수도 있지만, 공부에 있다.

그런 점에서 공부로써 삶을 되살린다는 '믿음'을 가지고 공부를 시도하겠다고 생각하는 것 자체가 자유의지의 존재와 가능성을 의미한다. 스쳐 가는 생각일지라도 말이다. 게다가 이것은 전혀 손해 보는 생각도 아니다. '파스칼의 내기Pascal's Wager'를 떠올려 보자. 파스칼은 신이 존재하든 그 반대든, 신을 '믿는' 일이 어쨌든 이득이라고 주장했다. 반론은 놔두고, 이를 우리의 공부에도 적용해 보자. 자유의지를 믿지 않고 공부하지 않는 것보다, 자유의지를 믿고 공부하는 것이 확률적으로 살아가는 데 훨씬 더 낫다. 인생이 한 번뿐이라는 대전제에서는 이루 말할 수 없을 만큼 낫다.

자유의지의 종합판인 공부는 불확실한 삶에서도 역설적으로 자신의 삶을 성찰하고 긍정적인 가능성을 향해 나아가게 한다. 결과가 어떻게 되든지 상관없이 주어진 삶을 열심히 살려고 노력하는 까닭은, 삶이 불완전하고 유한하기 때문이라는 점을 명심하자. 이처럼 공부는 우리에게 주어진 삶의 조건을 그대로 인정하는 것에서 시작해야 한다. 그러니 미래가 불확실하다는 이유로 공부를 안할 이유가 없다. 오히려 우리의 삶이 이토록 불확실하니 공부가 절실히 필요하다.

죽음에 끌려다니지 않는
주체적인 공부법

자기 자신을 위한 공부-우계의 위기지학

우계 성혼은 율곡 이이의 절친으로만 잘 알려져 있지만, 그 역시 우계학파라는 문도를 거느린 조선의 저명한 선비이다. 우계는 임진왜란 전후의 시기에 살았다. 그는 청송 성수침과 파평 윤씨 사이에서 태어났으며 아버지인 성수침은 정암 조광조 수하의 문인으로 기묘사화 발발 이후 벼슬을 단념하고 후학을 가르쳤다.

『우계연보』에 따르면 이런 사정으로 그의 집안은 일찍부터 가난했다. 조선 시대 선비들은 대부분 청빈한 삶을 칭송하며 궁핍하게 살았을 것 같지만 실제로는 땅과 노비를 거느린 지주들이 많았다. 그러니 누군가의 말대로 선비가 언급하는 가난은 조금 이상한 가난이다. 이들의 가난이 실제로 어땠는지는 짐작하기 어렵지만, 우계는 어려서부터 집안을 경영하고 살림을 도와야 했다. 먹고살기 위해 농사도 짓고 물고기도 잡고 사냥도 했다. 우계는 몸이 원래 허약한 데다가 어린 나이부터 몸을 많이 쓰다 보니 허리를 비롯해 각종 생계형 질병으로 고통받았다. 이로 인해 복시複試에 응시하지 못했다. 이후로 과거 공부를 단념하고 자신을 위한 공부에 진심을 다했다. 제대로 된 선비라면 남에게 보여 주기 위한 공부가 아니라, 자신의 삶을 성숙하게 채우는 공부를 하는 게 마땅하다고 생각했기 때문이다. 우계처럼 마음과 기운을 항상 맑게 함으로써 외부의 시선에 휩쓸리지 않고 자기 길을 걸어가는 공부를 '위기지학爲己之學'이라 한다.

우계에 관한 소문은 조정에까지 전해졌다. 1574년 선조 임금은 우계의 인품과 지식이 궁금해 율곡에게 그의 사람됨을 물어봤다. 우계를 아낀 율곡은 우계가 학덕을 갖추었지만 조정에 나와 일하기에는 질병 때문에 힘들다며, 한 번씩 임금 앞에서 경연하게 하는 것으로 그쳐 달라고 부탁했다. 그러자 의심 많은 선조 임금은 자신을 위한 공부를 하면 질병이 없어진다는데 공부한 사람도 아프냐며 반문한다(대체로 공부를 제대로 안 한 사람들이 이런 말을 쉽게 한다). 당시 『우계연보』에 기록된 율곡의 답변을 그대로 옮겨 보자.

"비록 공부를 제대로 한 사람이라도 타고난 기질이 매우 허약하면 병이 생길 수 있습니다. 옛날 염백우가 병이 들자, 공자가 이를 두고 하늘의 뜻이라 한 까닭입니다. 우계는 타고나기를 약해 병환이 깊어졌으나, 그럼에도 그가 죽지 않은 것은 또한 마음을 다스리는 공부를 해 온 덕분입니다. 만약 공부를 제대로 하지 않는 자가 우계처럼 아팠다면 일찍 죽었을지 모릅니다."

다른 사람이 우계였다면 벌써 죽었을지도 모르지만, 우계니까 그 정도로 공부해서 죽지 않고 살아 있는 것이라고 답한 것이다. 선조 임금과 율곡의 대화만 보더라도 공부에 진심인 우계의 진정성과 열정을 짐작할 수 있다.

안타깝게도 우계에게는 질병뿐만 아니라 이런저런 괴로운 일이 끊이지 않았다. 효자였던 우계는 병든 아버지를 낫게 하고자 자신의 넓적다리를 베어 약에 넣을 정도로 본인의 건강은 생각하지 않고 부모님 간호에 정성이었다. 이 일로 우계의 건강이 나빠진 것은 말할 것도 없었다. 그런 정성에도 결국 부모님은 잇달아 돌아가셨다. 또 평생 함께하기로 한 율곡마저 일찍 세상을 떠났다. 율곡은 우계에게 특별한 존재였다. 우계와 달리 율곡은 일중독일 정도로 늘 정신없이 바쁘게 지냈다. 우계는 바쁜 와중에도 자신보다 독서

량이 월등한 율곡을 보고 항상 느끼는 바가 많았다. 비록 성리학을 두고 서로의 학문적 의견은 차이가 있었지만 함께 공부하는 벗으로서 의지하고 존경했다. 그렇게 버팀목처럼 의지했던 친구와 한순간에 강제로 헤어지게 된 것이다.

율곡뿐만이 아니었다. 우계는 젊은 시절부터 가까운 지인들과 일찍 이별했다. 이토록 회자정리會者定離가 끊이지 않았던 일상이었지만, 우계는 마냥 슬픔과 고립된 절망에 빠져 있지만은 않았다. 오히려 이런 일을 계기로 공부의 중요성을 절감했다. 인간은 한 번 왔다 가는 존재라는 사실을 가까이에서 수없이 접하면서 진정성 있는 삶을 고민하게 되었다. 그는 죽음을 피할 수 없다고 삶을 미리부터 포기하기보다는 주어진 삶에서 해야 할 소명을 되새겼을 것이다. 이런 그에게는 우울과 좌절이 깊숙이 찾아올 틈이 없었다.

우계는 자신에게 주어진 삶도 무한하지 않다는 것을 잊지 않았다. 여생을 항시 자각하고 성찰하며 살아가니 주어진 일상 하나하나가 매우 소중했을 것이다. 그러다 보니 타인의 시선을 의식하며 가짜로 공부하는 삶을 살 필요가 없었다. 49살의 우계는 백발이 된 자신의 모습을 보고, 제대로 나이 들어 가는 것 같아 기쁘면서도 나이 든 만큼 공부를 제대로 한 게 없어서 부끄럽다고 토로할 정도로 공부에 진심이었다(『우계집』, 권1, 「소파우제梳罷偶題」). 공부가 곧 삶이라고 생각하다 보니 생존을 위한 노동이나 온갖 집안일이 공부를 방해한다고 여기지 않았다. 그저 '지금-현재'에 충실했다. 그런 우계의 공부를 진심을 추구한 공부라고 하기도 한다.

우계가 유서를 세 번이나 쓴 이유

1592년 임진왜란이 발발했다. 당시 우계의 나이는 마흔여덟이었다. 우계가 아끼는 제자 중봉 조헌이 첫해에 금산 전투에서 사망했다. 국가적으로는 전쟁뿐만 아니라 기근과 전염병까지 겹친 최악의 상황이었다. 길거리에서는 굶주림을 견디다 못해 사람을 잡아먹는 일까지 일어났다. 우계는 병환으로 고생하면서도 지식인으로서의 사명을 다하고자 분주하게 움직였다. 조금이라도 병세가 완화될 때면 율곡의 제자들을 가르치려 몇 달씩 출강을 다녀오기도 하고, 선조 임금에게 정치, 경제, 외교 등에 관한 합리적이고 현실적인 대책을 제시하기도 하고, 백성을 나 몰라라 하며 자기 살궁리나 하는 이기적인 관료들을 비판하며 제 몫을 다했다. 율곡과 우계의 제자들은 그런 스승을 보며 도망가지 않고 의연히 맞서 싸웠다.

우계에게 주어진 상황은 모든 게 불확실했다. 보통 사람의 정신력이었다면 두려움에 압도당한 나머지 못 버티고 무너질 수밖에 없었다. 무엇보다 건강이 어떻게 될지 미지수였다. 이런 시국에도 자신을 비난하는 끈질긴 정적들도 있었다. 게다가 전쟁으로 언제 목숨을 잃을지도 모를 일이었다. 당장 어떤 일이 일어날지 모를 불안한 상황에서 우계는 어떻게 성실하게 자신의 삶을 이어 나갈 수 있었을까? 그만이 특별한 사람이었을까? 그렇지 않다. 그도 평범한 사람이었다. 다만 주어진 삶을 누구보다 진심으로 소중히 여겼을 뿐이었다.

　전란 중 우계는 무려 세 번이나 유서를 써서 가족들에게 남겼다. 첫 번째 유서는 1592년 전쟁이 일어난 해에 작성한 것으로 사위 윤황에게 부쳤다. 우계는 난리를 만나 이리저리 떠돌다가 죽을 고비를 백 번이나 겪었다며 힘들게 글을 작성했다. 그가 처한 고통스러운 현실을 "이렇게 극심한 외로움과 곤궁함은 일찍이 경험하지 못했다."라는 말로 표현했다. 두 번째 유서는 1년 후 1593년 가을 무렵에 작성한 것으로 동행한 강생에게 주었다. 병환으로 고통받으면서도 선조의 명령을 거부할 수 없는 상황에 쓴 것이다. 그리고 마지막 유서는 전쟁이 끝날 무렵인 1598년에 작성한 것으로 아들 문준에게 부쳤다. 이때 우계의 집안은 거의 파산 직전이었다. 유서 일부의 내용은 이렇다.

　"나를 장례 치르기 전에 위장병이 생기면 고기를 먹어서 죽

음을 구제하고, 졸곡卒哭 뒤에는 즉시 고기를 먹어 생명을 온
전히 하여라. 이는 내가 평소에 가르쳐 준 대로 하는 것이다."

『우계집』, 권6, 「후사後事」

후사라고 명명한 이들 유서에는 시종일관 자신의 장례 절차와
내용만을 언급하고 있다. 우계는 자신의 장례를 위해 빚도 지지 말
고 남에게 부탁하지도 말고 다른 이들을 힘들게 하기보다 없는 형
편에 맞춰 검소하게 할 것을 적어 두었다. 그리고 자신의 사후에도
몸을 보존하도록 건강을 챙기라고 당부했다. 신체를 훼손하는 등
의 괴상한 일을 해서 남들에게 효자라고 인정받을 생각하지 말고
건강하게, 맑은 정신으로 살아가는 게 부모의 뜻을 지키는 것임을
일깨워 주었다. 우계가 세 번에 걸쳐 유서를 작성하며 하고 싶었던
말은 결국 이런 것이 아니었을까.

"죽은 자(본인)는 후회를 남겨 두지 않고 이제 떠나니, 산 자
는 남들 시선을 의식하느라 다른 사람들에게 휩쓸리지 말고
자신에게 주어진 일상을 힘내서 살아가시오."

쓸데없는 고집이나 이루지 못한 것들에 대한 변명, 허영과 가식
은 찾아볼 수 없는 담백한 유서였다. 그리고 묘비에는 자신의 이름

'창녕성혼묘' 딱 이 다섯 글자만 쓰면 될 뿐, 다른 것은 일절 적지 말라고 신신당부했다.

유서는 남겨진 자를 위한 것 이전에 유서의 주인, 즉 본인을 위한 것이다. 유서를 쓰는 동안 지나온 삶을 성찰하며 혹시라도 시간이 더 주어진다면 어떻게 살다 갈지 고민하게 된다. 종교가 있든 없든 상관없다. 자신의 죽음을 진지하게 마주하는 날은 내면에서 나오는 목소리를 투명하게 들을 수 있다. 우계는 유서를 쓰면서 혹시라도 부족한 것은 없었는지 살피고 앞으로 시간이 더 생기더라도 후회 없이 살다가 이름을 포함한 다섯 글자만 남기고 여한 없이 죽겠다고 각오를 다시 한번 다졌을 것이다.

이후 우계는 죽음이 다가오자 집안사람들에게 내일은 밖에 나가지 말고 집에서 기다리고 있으라고 말했다. 그리고 마치 죽는 순간을 자신이 결정한 듯, 다음 날 조용히 세상을 떠났다. 우계의 삶을 보면 복잡한 현실에서도 머리와 마음을 충만하게 채우며 살아가는 일이 얼마나 귀한지 새삼 느끼게 된다. 어려서부터 몸이 아프고, 사랑하는 이들이 세상을 떠나고, 전쟁까지 겪었으니 참으로 고달프고 외로운 삶이었을 것이다. 그럼에도 우계는 글 어디에서도 자신의 처지에 불만을 가지거나 포기하는 마음을 적지 않았다.

단 한 번, 평소와는 다른 이야기를 꺼낸 적은 있다. 지인 윤사권이 마흔에 혼자가 됐지만 욕심내지 않고 '스스로 마음 편하게 지내니' 자식들이 가까이서 돌봐 주고 밥도 푸짐하게 먹고 무병장수하며 죽을 때도 병 없이 죽었다고 쓴 것이다(『우계집』, 속집 권6, 「잡기」). 이 이야기를 읽으면 우계가 마치 자신과는 달리 풍요롭고 건강하게 오랫동안 산 지인을 부러워하는 것처럼 느껴지지만 아마도 그의 속내는 마지막까지 삶을 남에게 맡기지 않고 모든 것을 잘 마무리한 그의 후년이 부러운 마음 아니었을까 싶다. 지난 생을 후회하지 않고 이쯤에는 눈을 감아도 괜찮다며 세상과 작별한 의연한 태도 말이다. 노년을 욕심과 후회로 고통스럽게 보내는 이가 많다는 점을 생각해 보면 우계가 무엇을 부러워했는지는 충분히 짐작이 간다.

우계는 몸이 아플수록, 지인들과 이별할수록, 뜻지 않은 상황을 겪는 동안, 자신이 선택할 수 있는 주체적인 삶을 포기하지 않았다. 그럴수록 나를 위한 공부를 내려놓지 말자고 생각하며 이를 실천에 옮길 뿐이었다. 우계는 노년에 중요한 것은 지금까지 공부한 내용을 남들을 위해서가 아니라 자신을 위해 실천하는 것이라 여겼다. 그래서 죽음도 자기 의지대로 맞이한 것이 아니었을까?

우계는 1598년, 63세의 나이로 세상을 떠났다. 지기였던 율곡의 말대로 다른 사람 같았으면 벌써 죽었을 것을 우계니까 버티며 그 정도 살아 낸 것일지도 모르겠다. 우계가 죽고 나서 얼마 안 가 7년의 길고 참혹했던 전쟁이 끝났다. 세월이 지날수록 우계를 존경하는 이들은 나날이 늘어났다. 우계는 자기 것이 아닌 명예를 탐내느라 탐욕을 부리지 않고 마음과 기운을 밝게 하는 것에 힘쓴 결과, 좋은 이름을 남겼다.

마음이 조로하면 공부가 멀어진다

우계 같은 사람도 있는 반면, 스스로 나이가 많다고 여기며 공부할 생각조차 꺼내지 않는 사람도 많다. 몸이 조로早老한 것이 아니라 마음이 조로한 이들이다. 대부분의 사람은 학교를 졸업하고 나서 조로가 시작된다. 이들은 20대에도 '나이가 많아서', 30대에도 '나이가 많아져서', 40대에도 '나이가 많이 들어서', 50대에도 '나이가 정말 많이 들어서', 60대에도 '이젠 누구보다 나이가 많아서'라는 말을 평생 반복한다. 나이가 많다는 이유로 아집의 방에서 나오지 않는다. 보는 사람보다 본인이 더 답답할 지경이다.

도대체 나이가 많다는 기준은 무엇일까? 10대를 보내고 나면 이제 더는 젊지 않은 것일까? 사정이야 다양하겠지만 나이가 많다는 이유로 뭐든 포기하는 사람들이 실제로 많다. 하지만 자세히 들여다보면 그들은 몸이 아니라 영혼이 무감각하다.

인간은 늘 중요한 사실을 망각하며 살아간다. '나는 언젠가 죽는다'는 사실이다. '오늘 주식이 얼마나 올랐는가?', '이번 달 수입이 얼마인가?', '노후 비용은 얼마나 필요하나?' 이런 질문들도 현실 감각을 유지하고 안정된 일상을 사는 데 매우 중요하다. 하지만 여기에만 매몰되어 버리면 현실에 압도당해 마음을 들여다보는 질문은 잊기 마련이다. 게다가 인생에는 늘 잡다한 일거리가 끊이지 않는다. '이 일만 끝내면 시작해야지……' 하고 생각하지만, 이 일이 끝나면 또 다른 일이 고개를 내민다. 매일같이 기다리는 무탈하고 평온한 날은 죽고 나서야 올지 모른다. 언제 죽을지 모르는 세상인데 자꾸 타인의 시선을 의식하면서 살아야 할까? 그렇다면 가장 중요한 나는 누가 챙길까?

앞서 공부란 좋은 삶을 만들기 위해 자유의지를 가치 있게 사용하는 노력이라 했지만, 많은 사람이 자신에게 '좋은 삶'이 무엇인지조차 잘 모른다. 대개 남들이 좋은 삶이라고 하니 그대로 따르기도 한다. 그럴수록 자신에게 정직한 물음을 던질 필요가 있다. 불확실하고 유한한 삶에 던져진 나약한 자신을 생생하게 그려 보면 각자에게 중요한 삶의 기준이 도출될 것이다. 그렇기에 '내가 죽는다'는 실존적 차원의 고민은 영혼을 휘저어 놓는다. 변치 않는 사실을 바꿀 수는 없지만 그 안을 어떻게 채우느냐는 바꿀 수 있다. 특히나 불확실한 사회에서는 공부를 하면 할수록 삶에 대한 후회와 불안함을 점점 내려놓을 수 있을 것이다. 적어도 다른 사람의 시선에

떠밀려 생각 없이 살다가 후회하는 어리석음은 덜어 낼 수 있다.

조로라는 고정관념을 바꾸기 위해서 우계의 창녕성혼묘처럼 자신의 묘비명을 가정해 글을 써 보는 것은 어떨까? 자유의지를 왜 가치 있게 사용해야 하는지 그 이유를 다시 생각해 보는 것이다. 태어나서 죽는 긴 인생 여정에서 젊고 늙었다는 생각은 다른 사람이 만들어 놓은 기준이다. 사람은 누구나 태어나면서부터 죽음을 향해 가며 조금씩 늙는 중이다. 당장 내일 죽는다고 해도 사실 이상한 일이 아니다. 빨리 세상을 떠나거나 좀 더 늦게 떠날 뿐이다. 혹은 준비된 죽음이거나 준비되지 못한 죽음일 뿐이다.

그러니 의미 있는 삶을 하루라도 살아야 하지 않을까? 어떻게 해야 그럴 수 있는지는 아무도 알려 주지 않는다. 사람마다 의미를 부여하는 곳은 다르기 때문이다. 그럼에도 하루하루 성장을 위한 공부를 꾸준히 하다 보면 어느새 뒤돌아봤을 때 의미를 찾고자 노력했다고 스스로를 대견해하지 않을까 싶다. 공부는 막연하게 죽음에 끌려다니는 삶을 멈추고 의식 있는 존재로서 죽음을 주체적으로 준비하는 일이기도 하다.

2부

분석하기

어쩌다 공부는
괴로운 것이 되었을까?

공자의 인간적 모습을 전해 주는 『논어』의 도입부에서는 놀랍게도 공부의 즐거움을 이야기한다.

> "틈나는 대로 공부하니 즐겁다(학이시습지學而時習之 불역열
> 호不亦說乎)."

공부가 즐겁다니? 이 문장을 읽은 누군가는 시작부터 그럴듯한 말로 꼬드긴다고 생각할지도 모르겠다. 그런데 공부가 마냥 괴롭기만 할까? 어느 때보다 공부에 매진하던 학창 시절을 떠올려 보자. 대부분의 시간은 공부가 재미없고 괴로웠을지라도 아주 가끔 안 풀리던 문제가 풀리거나 이해되지 않던 내용을 깨달으면 뿌듯

하지 않았던가. 그 맛을 경험하면 누가 시키지 않아도 괴로움을 견딜 수 있게 된다. 공자도 공부가 항상 즐거웠다기보다 하다 보니 때때로 즐거움을 느끼며 성장한 게 아닐까? 공자는 일찍부터 공부를 안 해서 후회하느니 후회하더라도 해 보는 게 더 좋다는 사실을 경험했을 것이다. 무엇보다 원하는 목표에 도달하지 못했다고 하더라도 공부하는 과정에서의 노력마저 일체 부정할 수는 없다. 공자는 공부에서 느끼는 다양한 맛 중 사람들이 잊고 있던 즐거움의 맛을 일찌감치 깨달은 사람이었다.

그러나 많은 사람은 예나 지금이나 공부를 싫어한다. 공부란 분명 자유의지를 사용하는 일임에도 현실의 공부는 자유의지보다 외부 요인에 따라 '하지 않으면 안 되는 일'이 될 때가 많기 때문이다. 억지로, 할 수 없이, 힘겹게, 공부라는 과제를 하느라 다들 고생이 많다. 새삼스러운 일은 아니다.

맹자는 "사람들이 어려서 공부하는 것은 앞으로 배운 것을 행하기 위해서(『맹자』, 「양혜왕 하」, 부인유이학지夫人幼而學之 장이욕행지壯而欲行之)"라 했지만 배운 것을 살면서 활용하는 경우는 많지 않다. 그럴수록 공부는 점점 더 재미가 없어진다. 쓸데도 없는 공부를 대체 왜 해야 한단 말인지. 흥미롭게도 삶에 아무런 도움을 주지 못하는 공부에 대한 비난은 서구 중세 이래로 계속됐다.

프랑스의 국민 작가인 프랑수아 라블레François Rabelais가 쓴 『가르강튀아Gargantua』와 『팡타그뤼엘Pantagruel』에는 중세 유럽 지식인들의 공부에 대한 조롱이 담겨 있다. 당시 공부는 성직자 같은 특권층의 영역이었다. 오랜 시간에 걸쳐 모국어도 아닌 라틴어 문법을 달달 외워 독해하고 글을 짓는 일이 그들의 가장 큰 공부였다. 암기에만 급급하다 보니 정작 글의 의미를 해석하고 삶에 적용하는 것과는 거리가 멀었다. 그러다 보니 먹고사는 일이 시급한 민중에게 공부는 요원한 행위이자 성역이었다. 민중들이 까막눈일 수밖에 없는 이유였다. 공부 행위는 지배층과 피지배층을 구별 짓는 수단으로 작동했다. 마치 귀족들이 노동에 전혀 도움이 되지 않는 화려한 옷과 장신구를 착용함으로써 노동하지 않는 계층임을 과시했듯, 공부 또한 현학자들의 장신구에 가까웠다.

당시 지배층은 책 속 이론들의 유용함에는 관심이 없었다. 라블레는 『가르강튀아』와 『팡타그뤼엘』에서 당시 지식인들의 공부가 얼마나 모순적인지를 해학적으로 비판했다. 더 나아가 금욕을 강조하며 인간의 자연스러운 본성을 억압하는 중세의 공부야말로 인간의 삶을 더 왜곡시킨다고 역설했다. 이 책은 당시 스테디셀러였던 성서보다 더 많이 팔린 책이 되었다. 『가르강튀아』와 『팡타그뤼엘』은 우스꽝스럽고 가벼워 보이지만 인간의 자유의지를 따르는 세상이 그 반대의 세상보다 더욱 선하고 지혜로우며 신이 만든 이상에 더 가깝다고 이야기한다. 라블레는 자유의지를 억누르는 공부는 하면 할수록 인간을 바보로 만들어 정작 삶의 진짜 문제를 해결하는 것을 방해한다고 보았다. 무용하고 생기 없는 공부에 대한 비판은 예나 지금이나 끊이지 않는데도, 이러한 공부는 현실에서 사라지지 않고 끈질기게 버티고 있다.

미국의 유명한 교육철학자인 존 듀이John Dewey는 현재의 삶을 성장시키기보다는 미래에만 목표를 둔 채 지식을 머리에 주입하는 공부를 가리켜 '시간 낭비이자 돈 낭비'라고 맹렬히 비난했다. 듀이는 당시 교육의 이원론 문제, 즉 교과와 학생, 학교와 사회, 개인과 사회가 동떨어져 있는 현실을 날카롭게 지적했다. 듀이는 어떻게 공부해야 상호작용으로 성장할 수 있을지를 고민했다. 실용주의자였던 그에게 공부란 삶 그 자체이자 성장이었다. 그는 몸을 희생하며 공부해도 이를 일상과 연결해 이해하거나 적용하지 않고 그저 시험을 잘 치르기 위해 달달 외우기만 해서는 어떤 성장도 이룰 수 없다고 단언한다. 특히 지성적이어야 하는 교실이 오히려 반지성적이라는 데 문제가 있다고 보았다. 학생 스스로 반성적으로 사고할 일이 없기 때문이다.

대신 듀이는 공부란 일상생활에서 발생하는 문제를 직접 해결해 나가는 지적인 경험으로 채워야 한다고 주장했다. 그에게는 문제를 인식하고 가설을 세우고 전략을 탐색하고 교과 속 지식을 활용해 실천으로 이어지는 경험이 곧 공부였다. 이 과정에서 나와 생각이 다른 사람과 협력하고 도움을 주고받으면서 문제의 실마리를 찾는 창의적인 경험들이 성장으로 이어진다고 보았다. 이런 공부는 하면 할수록 자신의 노력과 선택이 삶을 더 나은 방향으로 이끌어 줄 것이라는 믿음을 만든다고 확신했다. 그 결과 학생이 억지로 공부하기보다 스스로 공부를 주도할 것이라 여겼다. 듀이식의 공부에 익숙해지면, 학교를 졸업한 후에도 공부는 계속 이어질 것이며, 삶을 끊임없이 재구성하며 성장할 수 있다.

공부에 관한 발상을 전환하면 그동안 불필요해 보였던 공부도 새롭게 보이기 시작한다. 악기는 꼭 천재 음악가가 되기 위해 배우는 것이 아니다. 얄팍한 교양을 쌓으려 어려운 음악 이론을 머리 아프게 외울 필요도 없다. 다만 음악이 빠진 인생은 무미건조하다는 사실을 깨닫고, 평소 감정을 섬세하게 표현하는 일에 서툴러도 음악을 들으면 희로애락을 더 깊게 느낄 수 있게 된다. 우리는 음악을 듣고, 노래를 부르고, 악기를 연주하며 설레기도 하고 위로를 얻기도 한다. 지난날을 추억하고 감정을 표현할 노래 하나 생각나지 않는 인생이라면, 슬프지 않은가. 다른 공부들도 그렇다. 공부는 지루한 삶에 긴장을 불어넣어 주기도 하고 삶을 풍성하게 해 주기도 하며 숨겨 놓은 보물을 발견하게 해 주기도 한다.

그럼에도 학교에서의 공부는 대개 학생들에게 같은 내용을 같은 시간과 장소에서 같은 양으로 가르치는 동안 똑같이 살아가는 것을 욕망하게 한다. 오랜 시간 이런 공부에 익숙해지다 보면 왜 살아야 하는지에 대한 성찰 능력을 상실하며 세상이 만들어 놓은 질서에 점점 순응하게 된다. 독일의 철학자 테오도르 아도르노 Theodor Wiesengrund Adorno는 이러한 교육을 '절반의 교육, 절반의 교양'이라며 혹독하게 비판했다. 그는 기존의 공부가 지식과 교양을 습득해 상류층이 되고자 하는 욕구를 충족시킬 뿐, 독립적인 인간으로 당당히 살아가도록 내면을 성숙시키는 것과는 거리가 멀다고 보았다. 게다가 이런 식의 공부는 각자 고유한 삶의 목적을 탐색하기보다 남들이 정해 놓은 목표를 자신의 것인 양 착각하며 살게끔 한다고 경고했다.

공부에 대한 왜곡된 인식은
어디에서 왔을까?

100년 후에도 살아 있는 식민 교육의 잔재

왜 우리는 유독 공부를 삶과 분리해 단순히 졸업장 같은 눈에 보이는 성과를 얻기 위한 도구로만 여기는 것일까? 문제는 공부가 일종의 수단이 되어서라기보다 공부에 대한 태도와 감정이 매우 부정적이라는 데 있다. 그러니 상급학교로 진학할수록 공부가 더욱 싫어진다. 이렇게 된 배경을 설명하려면 일제 강점기까지 거슬러 올라가야 한다.

일본은 조선을 침략한 뒤, 식민 교육의 일환으로 먼저 교육 목표와 내용을 자신들의 입맛대로 통제하기 힘든 사립학교를 거의 대부분 말살했다. 1908년 시행된 사립학교령은 이를 위한 법적 절차였다. 이로 인해 오랫동안 민족의 자생적 교육을 담당해 온 서당과 서원 같은 전통 교육 기관은 사라질 위험에 처했다. 일본은 감시와 통제가 쉬운 공립학교 교육을 이수한 사람들에게만 졸업장을 주고, 이들에게 의사, 은행원, 공무원, 법관 및 변호사 등으로 일할 수 있는 기회를 제공했다. 소위 명문 학교를 만들고 명문 학교 출신을 노골적으로 우대했다. 과거제가 사라진 자리에 또 다른 경쟁, 명문 학교 입학을 위한 입시 경쟁이 들어서게 되었다.

이들의 전략은 이랬다. 먼저 조선인들이 대학과 같은 고등교육을 공부할 수 있는 길을 매우 좁혀 놨다. 현재 서울대학교의 모태가 된 경성제국대학은 당시 유일하게 일본이 설립한 대학이었다. 이곳에 조선인이 입학할 수 있는 정원은 50명도 채 되지 않아 그야말로 낙타가 바늘구멍에 들어가는 것보다 더 어려웠다. 역설적으로 그럴수록 점점 대학 졸업장이 중요해지고 교복을 입은 사람들을 선망하는 분위기가 조성되었다. 식민지 치하에서 출세하기 위해서는 보통학교에서부터 치열한 경쟁을 거치며 위로 올라가야 했다. 식민지 현실에 울분을 토하며 잘못된 현실을 비판하는 인간을 기르는 교육이 아니라, 이런 현실마저도 감사히 여기며 순응하는 인간을 기르는 교육이었다. 식민 교육 결과, 학교 졸업장은 더욱 중요해졌다. 갈수록 공부는 남과 경쟁해 시험 성적을 잘 받는 것으로 굳어졌다.

일제 강점기를 거치며 대학을 졸업해서 얻는 전문직은 선망받는 직업이 되었다. 당시 조선인은 의사가 된다고 해도 일본인 의사 밑이었지만, 주권 없는 사회에서는 그마저도 전문성을 쌓고 발휘할 수 있는 몇 안 되는 일이었다. 한순간에 선비들이 한평생 추구했던 일상의 공부는 무능력하고 가난해지기 딱인, 그야말로 세상 물정 모르는 옛이야기가 되었다. 그보다는 빠르게 시류에 합류해 개인과 가족의 안위를 보장받아야 했다.

이뿐만이 아니었다. 학비에서도 차별은 심했다. 대학은 일본인에게는 저렴한 학비를 받아 교육 기회를 높였지만, 조선인에게는 비싼 학비를 부담하게 했다. 신분제가 폐지됐어도 공부할 기회는 모두에게 개방되지 못했다. 여기에 조선 시대부터 이어진 남존여비 사상, 부계 혈통을 중시하는 유교 사상까지 섞이면서 아들, 그 중에서도 장남 중심의 교육이 행해졌다. 이런 세태는 공부에 대한 한恨을 부추겼다.

식민 교육의 또 다른 폐해는 주입식 교육이다. 일본은 조선인 학생들이 스스로 주인임을 잊어버리도록 교육했다. 스승과 제자가 서로에게 묻고 답하며 토론하는 가운데 서로의 성숙을 추구하는 전통 교육 방식은 사라졌다. 대신 칼과 총을 찬 교사가 교단 위에 서서 강압적으로 학생들의 머릿속에 지식을 주입했다. 일본은 학급당 인원수를 70명 정도로 늘렸다. 조선인을 콩나물시루처럼 빽

빽하게 교실에 모아 놓고 저급한 수준의 지식만을 저급한 방식으로 가르쳤다. 일방적인 교수법으로 학생과 교사, 학생과 학생 간의 대화와 토론은 불가능해졌다.

이제는 많은 사람이 달달 암기하는 교육을 오래된 한국식 교육으로 오해할 정도로 이러한 시도는 성공적이었다. 옛사람들이 몸을 앞뒤로 움직이며 글을 외던 모습을 기억하는가? 이는 송독誦讀이라 불리는 독서 방식으로, 암기를 위한 암기가 아니라 뜻을 음미하여 자기 것으로 만들기 위한 공부 전략 중 하나였다. 퇴계 이황을 비롯한 조선의 성리학자들은 틈나는 대로 송독하며 일종의 자기 수양을 행했다. 식민 교육은 이러한 전통 교육의 장점을 왜곡함으로써 민족의 자긍심을 땅바닥에 떨어뜨리는 데 목표를 두었다. 이처럼 전통 교육이 사라지면서 배려와 존중, 이해와 성숙은 더 이상 교실에서 찾아보기 어려워졌다.

『사랑손님과 어머니』의 저자로 잘 알려진 주요섭은 미국 스탠퍼드대학 대학원에서 교육학 석사 과정을 수료할 만큼 교육에도 관심이 많았다. 그는 『조선 교육의 결함』이라는 책에서 "학교에서 공부란 교사가 시키는 대로 하는 일에 불과하다."라는 요지로 당시 현실을 비판했다. 1세대 교육학자로 평가받는 오천석 또한 그의 자서전 『외로운 성주』에서 "학생의 임무는 빈 공책과 연필을 들고 교사의 내용을 기록하며 수업을 일방적으로 듣는 것에 있을 뿐"이라고 지적한 바 있다. 당시 학교에서 교사의 말을 그대로 따르는, 엄밀히 말하자면 일제가 시키는 대로 하는 학생은 소위 모범 학생으로 칭찬받았다. 당시 모범 학생이란 깊이 생각하지 않고 위에서 내려오는 지시를 잘 따르는 자였다. 비판적으로 사고하고 성찰하는 학생은 불순하다며 불량 학생으로 낙인찍힐 위험이 컸다. 모범 학생은 식민지 사회에서 생존할 수 있는 가능성이 높았지만, 불량 학생은 자신을 비롯해 가족, 친척까지도 위험하게 만들 수 있었다. 학생들은 살아남기 위해 체제에 순응하고 몸을 사리며 그들의 요구대로 교육받았다.

그렇다면 교사의 유능함은 어떻게 평가했을까? 보통학교에서 중등학교로 입학을 잘 시키는 교사는 학부모에게 유능한 교사로 인정받았다. 교사가 입시 공부를 잘 못 시키면 학부모들은 노골적으로 항의하기도 했다. 인사人師는 무능력한 교사로 전락했고 경사經師는 유능한 교사로 인정받았다. 교실은 전인교육이라는 목표가 무색하게 입시 사관학교로 전락했다. 뭔가 잘못됐다고 생각할 겨를도 없이 모두가 현실에 순응해야 했다. 생존에 대한 두려움에 압도당한 나머지 불합리한 현실을 그냥 받아들이기. 식민 교육에 적응된 결과였다.

뜨거운 교육열 뒤에 허물어진 진짜 교육

식민 교육은 성공하고 싶으면 학교 졸업장이 필요하다는 인식을 공고히 구축했다. 해방 이후, 한강의 기적 신화를 만들어 낸 1970~80년대를 거치면서 삶의 목표는 '출세', '성공' 하나로 결정되었다. 명문 학교 교복을 입고 학교를 다니는 학생의 모습은 선망의 대상이 되었다. 공부의 목표는 오직 하나, 상급학교 진학이었다. 대학 교육은 소위 전문직을 얻어 사회적 지위를 쟁취함으로써 개인과 집안의 성공을 위한 수단과 도구가 되었다. 학교에 못 간, 배움의 기회를 얻지 못한 이들은 열패감을 느끼며 공부를 못 한 '한'에 사로잡혀 자녀만큼은 가장 높은 수준으로 공부시키고자 하는 열기가 점점 뜨거워졌다. 이것이 대한민국 특유의 '교육열'을 일으킨 원인이다.

슬프게도 이 성공을 이루기 위해서는 친구들과 항상 경쟁해야 했다. 시험 성적을 높여 준다는 과외방, 공부방은 엄청난 인기를 끌었다. 먹고살 만해지면서 성공 외의 정신적인 혜택에 눈을 돌리려고 할 때인 1990년대 말 IMF 사태, 즉 외환위기가 터졌다. 이후 한국 사회는 더욱더 성공만이 인생의 목표가 되었다. 한번 경쟁에서 실패하면 영원히 패배자로 살아야 하는 각박한 사회가 되다 보니 공부에서 즐거움을 찾기보다 빨리 성과를 내고 남을 이겨야 하는 공부를 할 수밖에 없게 되었다. 영화 〈기생충〉 속 반지하에 사는 하류 인생이 되지 않기 위해 부모는 자식들의 학원비를 대느라 끝없이 노동하고, 자식들은 하기 싫어도 억지로 공부에 매달린다. 직업으로서의 '소명' 의식은 애초에 찾아볼 수 없었고 엘리트 직업에 대한 선망은 갈수록 짙어졌다. 그 결과 우리는 행복해졌을까? 갈수록 바닥을 찍는 결혼율과 출산율이 그 답을 대신해 준다.

식민 교육 이전에도 시험을 잘 보기 위해 남과 경쟁해야 하는 공부는 존재했다. 세종 시대에 과거 시험에 합격하기 위해 밤새 공부하다 죽은 성균관 학생의 일화가 괜히 나온 것은 아니다. 그러나 조선 중기에 이르러서는 남과 경쟁하는 공부 문화를 지식인들 스스로 개혁하려는 분위기가 있었다. 퇴계나 우계, 율곡, 남명 등 의식 있는 선비들은 이런 공부를 자진해서 중단하고, 소모적인 공부 노동을 비난하며 자신을 위한 공부에 매진했다. 이런 공부 태도만으로도 당당하게 제 목소리를 내고 존경받을 수 있었다.

그러나 일제 강점기를 지나면서 자신을 위한 공부에 매진하느라 경쟁력을 갖추지 못한 자는 주변인이 되어 갔다. 어떻게든 이 악물고 치열하게 해서 남과의 경쟁에 이겨 성취해 내야 하는 공부가 주목받게 되었다. '공부가 가장 쉬웠어요' 같은 공부 신화들이 야망을 가진 사람들에게 꿈과 희망을 주었다. 성공 신화를 달성한 이들은 '입지전적인 인물'로 평가받았다.

해방된 지 100여 년이 다 되어 가지만 여전히 공부에 대한 인식은 크게 달라지지 않았다. 지금도 식민 교육은 진행 중이다. 마지막 조선 총독이었던 아베 노부유키는 총과 대포보다도 더 무서운 식민 교육을 조선에 심어 놨기 때문에 해방 후에도 조선인들은 서로 치고받고 싸울 것이라는 어처구니 없는 악담을 했다. 억울하지만 돌이켜 보면 틀린 말은 아니다. 한국인들이 경쟁의 노예, 자본주의의 노예로 하루하루 살아가는 모습만 봐도 그렇다. 먹고살기 힘든 사회다 보니 졸업장은 여전히 매우 중요하게 여겨진다. 학령 인구가 급감하는 것과 상관없이 명문 학교 졸업장의 가치는 더 중요해졌고, 아이들은 이전 세대보다 더 많은 것을 준비해야 한다. 출산율 저하로 대학 입학 정원이 크게 남아도는데도, 사교육비 마련에 집집마다 등골이 휜다. 여전히 우리는 좁은 자리를 두고 피터지게 경쟁하며 언제 올지 모를 미래의 장밋빛 인생을 위해 밤잠을 설친다. 공부는 남들에게 뒤처질지도 모른다는 불안함을 달래기 위한 일종의 약이 되었다. 약을 하나라도 더 팔기 위한 상술들이 끼어들면서 불안과 욕망을 더욱 부추긴다.

만약 여기에서 실패하면 우리 인생도 실패했다고 생각한다. 소수만이 높은 수입이 보장되고 사회적으로 인정받는 직업을 가질 수 있다는 것을 알면서도 대다수가 지금-현재를 포기한다. 이 학원 저 학원 전전하며 실패자가 되지 않기 위해 노력한다. 공부는 청소년기와 청년기라는 특정한 시기와 학교라는 특정한 장소에서만 이루어지는 피곤하고 괴로운 행위로 여겨진다. 고3 수험생 생활을 벼슬에 비유하는 것도, 학교 졸업을 감옥 생활을 끝내는 일에 비유하는 것도 다 그런 이유에서이다. 그러다 보니 공부는 멋모르는 어린 시절 누구나 거쳐야 하는 인생의 관문으로 생각한다. 그래서 많은 사람이 "공부를 시작하기에 늦었어."라고 말하는 것이다.

식민 공부, 식민 교육은 스스로 삶의 주인이 되는 것을 방해하면서도 이를 자각하지 못하게 한다. 노예가 자기 처지를 자각한들 달라질 것은 없다. 게다가 각자 다양해야 할 인생은 이제 오로지 패배와 성공만으로 나눠서 평가하게 되었다. 왜 달려야 하는지 모른 채 남들도 뛰니까 불안해서 뛴다. 그럼에도 선착순 안에 들지 못해 패배자가 되면 억울하지만 체념하며 받아들인다. 그리고 한을 품은 마음으로 자식에게 경쟁 배턴을 넘겨 준다. 자식만큼은 패배자가 되지 않도록 더 기를 쓰고 준비시킨다. 이런 상황에서 공부가 재미있을 리 없다. 패배자는 자신이 못났다고 열등감을 느끼며 살아간다. 신분제는 사라졌지만, 학교 졸업장이라는 새로운 기준으로 계층이 나뉘게 되었다. 이기심만 남아 '나만 손해 보지 않으면 된다'는 풍조가 만연하다. 이런 사회는 단언하건대, 희망이 없다.

인간은 회귀 능력을 가진 상상 속 캐릭터가 아니다. 생은 한 번만 주어지며 언제 멈출지 알 수 없다. 더 이상 인생을 패배와 성공이라는 잣대로 구분하지 말고 성장을 생각해야 하는 이유이다. 저마다 자신의 삶을 진정으로 존중해 주며 다양한 희로애락의 이야기를 만들어야 한다. 실패했으니 죽지 못해 산다는 비관은 버려야한다. 학창 시절에는 어쩔 수 없었다면, 학교를 졸업한 지금, 이제나를 위해 공부하며 공부의 즐거움과 성취감을 맛보는 삶을 살았으면 좋겠다. 어떻게 해야 자기 삶을 풍성하게 채울 수 있을지를 '치열하게' 고민해야 한다. 식민 공부에서 벗어나 진짜 내 삶을 위한 공부 말이다. 이런 생각에 공감하며 타인과 조금씩 연대할 때, 식민적 사회로부터 진정으로 해방될 희망이 보일 것이다.

바람과 동굴 밖의 삶은
누구에게나 주어져 있다

모두에게 주어지는 한 번의 삶, 어떻게 살 것인가?

"사는 게 다 똑같지, 뭐……."

나와 다른 별세계에 사는 것 같은 유명인들의 삶도 가까이 들여다보면 그 모습은 크게 다르지 않다. 그들이라고 어디 이슬만 먹고 살겠는가. 그러나 삶의 양태가 비슷하다고 해서 그 내용까지 똑같을 수는 없다. 나이가 들수록 어떤 삶을 사는지는 더 뚜렷하게 차이가 난다. 태어나 살고 죽는 것은 비슷해도 삶을 운용하는 방식과 마무리는 결코 같을 수 없다. 이런 차이를 만드는 것은 바로 습관이다. 통찰이 뛰어났던 공자는 이를 두고 "본성은 가까우나 습성이 서로를 멀어지게 한다(『논어』, 「양화」, 성상근야性相近也 습상원야習相遠

也)."라고 지적했다.

사는 모습은 쌍둥이라도 습관에 따라 제각각으로 달라지기 마련이다. 습관은 공부와도 밀접하게 관련된다. 몸과 마음에 쌓인 습관은 삶에서 공부를 멀어지게 한다. 특히 어려서부터 깊게 생각하지 않는 습관이 가장 무섭다. 피상적 공부에 머무르지 않고 삶을 성장시키는 공부를 하기 위해서는 힘들더라도 스스로 매 순간 삶을 곱씹어 보고 의미와 가치를 부여하는 일부터 시작해야 한다.

일상에서 얼마나 고민할 게 많은지 아냐고 항변할지도 모르겠다. 소비와 관련한 예를 들어 보자. 우리는 옷 한 벌을 살 때도 살지 말지 몇 번씩 고민한다. 어떻게 하면 최소한의 투입으로 최대 만족을 끌어낼 수 있을지 심사숙고하며 옷 한 벌을 고른다. 이는 자신의 의지에 따라 고민한 것 같지만, 엄밀히 따지자면 그렇지 않다. 필요에 따라 실용적으로 물건을 사기보다 유행을 따르고자 소비하는 경우가 많다. 소비 행위뿐만이 아니다. 진로, 취업, 결혼 등 사회 구성원의 많은 행위들이 온전히 자신의 의지와 선택, 행동에 기대지 않는다. 타인의 시선과 욕망을 신경 쓰느라 정말로 무엇이 필요한지 모르는 경우가 많다. 모두가 자유민인 현대 사회에서조차 주어진 삶을 주체적으로 살아가지 못하는 게 현실이다.

그에 비해 '삶'은 어떤가. 어떻게 살지 고민하는 일은 당장 답이 나오지 않으니 금세 포기한다. 어제와 오늘의 나는 그대로가 아니다. 육체와 정신은 보이지 않지만, 미세하게 달라져 있기 때문이다. 무슨 옷을 입을지 매일 아침 고민하는 것처럼 어제와 오늘의 내가 뭐가 다른지 매일 고민해야 한다. 그런데도 대부분의 사람은 주어진 인생에 대해 심사숙고하지 않는다. 옷 한 벌은 잘못 살까 봐, 헛돈을 쓸까 봐 전전긍긍하면서 자신에게 주어진 삶은 공짜라고 여기는 것일까? 문제는 주체적이고 독립적인 삶은 그냥 주어지지 않으며 노력해서 쟁취해야 한다는 데 있다. 우선순위에서 밀린 고민과 성찰, 그리고 실천을 다시 무엇보다 앞으로 끌고 와야 할 때다.

바람과 풀로 나뉜 불평등한 사회

신분제 사회에서는 극소수의 인간만이 주체적이고 자유로운 삶을 살 수 있었다. 신분이 낮으면 누군가에게 종속되어 살 수밖에 없었다. 신분이 높다고 해서 완전한 자유를 누리는 것도 아니었다. 정해진 유교적 규율에 얽매여 원치 않는 인생 방향을 그리는 사람도 많았다. 꽉 막힌 유교 사회에서도 비교적 자유롭게 살 수 있었던 사람들은 마음을 성찰하고 성장하는 안목을 갖추기 위해 노력한 결과로 특권을 얻은 극소수에 불과했다. 대부분의 사람이 자유롭지 않았던 사회를 정당화하기 위해 만들어진 이야기들을 들어 보자.

대개 이런 이야기들은 태어날 때부터 인간의 능력은 정해져 있고 이에 따라 맡게 되는 역할도 다르다는 데서 비롯된다. 동양에서는 풀과 바람의 이야기가 그렇다. 앞서 언급한 맹자의 풀과 바람의 비유는 소수만이 능동적으로 움직이는 '바람'임을 시사한다. '바람'은 주체적으로 자신의 삶을 살아갈 수 있으나 대다수 어리석은 백성은 바람이 부는 대로 움직이는 풀과 마찬가지였다. 당시 사람들은 자신들이 몸담은 공동체가 동등한 사람들이 모여 사는 곳이라고 상상하지 못했다. 그들이 살아가는 세상은, 처음부터 신분이 다른 사람들이 모여 분수에 맞게 살아야 하는 곳이었다. 계급에 따라 해야 할 일이 다르듯 공부도 소수만이 할 수 있는 일이라고 생각했다. 이들은 모든 사람이 평등하고 자유롭게 공부하는 그림을 결코 그릴 수 없었다.

조선 후기 '호락논쟁湖洛論爭'은 사람과 동물의 본성이 같은가, 또는 다른가에서 시작해 인간의 본성에 대한 쟁점으로 이어졌다. 시작은 권상하의 제자인 한원진과 이간 사이의 성리학 이론에 대한 해석 차이에서 비롯되었다. 둘의 논쟁은 처음에는 학술적 토론이었으나 시간이 지날수록 사회적, 정치적 쟁점으로 확산되었다. '인물성 동이人物性 同異 논쟁'이라고 불리는 이 문제에는 인간을 차등해서 구분하는 시각이 담겨 있었다.

호론, 즉 사람마다 본성이 다르다고 주장하는 이들은 다음과 같이 생각했다. "어떤 자들은 태어날 때부터 인간으로서 최고 능력을 발휘할 잠재적 가능성을 가지고 태어나 이를 잘 닦기만 하면 되지만, 또 다른 어떤 자들은 무늬만 인간이지 동물과 다를 바 없기에 공부를 해도 소용이 없다." 이런 주장을 펼치는 학자들은 동물과 다를 바 없는 자들은 노력만으로 타고난 본성을 변화시킬 수 없으며, 지적으로나 문화적으로 우월한 이들에게 지배받아야 마땅하다고 생각했다. 이러한 생각은 당시 철저한 신분제 사회를 정당화하는 근거로 작용했다.

반면 낙론, 즉 인간은 모두 본성이 같다고 여기는 이들은 서로 간의 소통을 강조했다. 서얼과 같은 중인 계층들은 낙론의 입장에 적극적 참여를 지지했다. 시간이 지날수록 낙론 학자 중에서 완화된 신분제 사회를 주장하는 이들도 나왔다. 그러나 당시에는 인간의 본성이 다르다는 시각이 훨씬 지배적이었다.

소수의 우월한 자들은 독립적으로 사유하며 자신의 사상을 마음껏 펼칠 수 있지만, 대다수는 그럴 능력이 없는 자로 본 것이다. 실제로 조선 시대에는 바람에 해당하는 소수만이 개별적으로 그들만의 공간에서 사적으로 공부할 수 있는 혜택을 누렸다.

모든 사람에게 사유할 수 있는 자유를

오늘날처럼 국가가 모든 사람에게 공부할 권리를 부여하며 무상으로 의무교육까지 실시하게 된 역사는 얼마 되지 않는다. 아주 오랜 세월 동안, 공부는 사적인 영역에 속했다. 특히 한국은 일제 강점기가 끝나고 100년도 채 되지 않은 사이에 누구나 공부할 수 있는 세상이 되었다.

서구 사회는 어떨까. 대략 2,000년 전, 공부를 소유할 수 있는 계층을 정해 준 이가 있었다. 바로 플라톤이다. 플라톤은 동굴의 비유를 통해 소수만이 공부할 수 있음을 설득하고자 했다.

비유는 어두컴컴한 지하 동굴에 갇혀 평생 그 밖을 나가 본 적이 없는 죄수들이 있다는 상상에서 시작한다. 이 죄수들은 손과 발이 묶인 채 의자에 앉혀 있다. 그들은 동굴 출입구를 등진 채 벽만을 바라본다. 이 죄수들 뒤로는 또 다른 사람들이 인형극을 하고 있다. 이들은 여기저기를 오가며 여러 인형극을 연출한다. 뒤에서는 횃불이 비추고 있어 인형극의 그림자가 마치 영화처럼 죄수들이 마주한 동굴 벽에 그대로 보인다. 죄수들은 다른 누군가와 대화한 적도 없이 동굴 벽만 보면서 살았으니 눈앞에 보이는 그림자가 진짜라고 믿을 수밖에 없다. 이들이 지닌 지식이란 그림자의 모양과 숫자, 생김새 등이 전부일 것이다. 이들은 혹 어떤 소리를 듣더라도 그건 그림자에서 나오는 소리라고 생각할 것이다. 이들은 평생을 결박된 채 살아와서 결박됐다는 사실도 잊을 만큼 익숙해졌을 것이다.

그런데 우연인지 의도인지는 모르겠지만, 죄수 중 누군가가 쇠사슬에서 풀리면서 몸을 움직일 수 있게 되었다. 이제 이 사람은 뒤를 돌아본다. 그림자를 만든 사물을 직접 눈으로 보면서 지금까지 진짜라고 여긴 그림자가 허상이었음을 깨닫게 된다. 그는 여기에서 더 나아가 동굴 밖으로 빠져나가 진짜 세상을 마주한다. 하지만 태양 빛은 동굴 안 횃불보다 더 강렬하기에 처음에는 눈부심에 고통받고 몸부림친다. 한참을 괴로워하다 서서히 눈이 적응하면서 고개를 들어 여기저기 살펴본다. 진짜 꽃, 진짜 나무, 진짜 하늘, 진짜 동물⋯⋯. 그는 동굴에서 마주했던 인형마저도 가짜였음을 알게 되었다. 그리고 하늘을 바라보다가 태양과도 마주한다. 이로써 '이 모든 생명의 기원이 태양'이라는 놀라운 지식과 맞닿게 된다. 바깥세상은 태양 빛에 의해 태어났다는 사실을 알게 된 것이다.

플라톤은 갇혀 있었던 죄수가 바깥세상에 눈뜨는 이 과정을 '영혼의 전향'이라고 불렀다. 전향이란 시선의 방향을 바꾸는 것이다. 인간은 처음부터 태양 빛을 볼 수 있는 시력을 가졌지만, 동굴에 갇힌 사람들은 벽 그림자만 보고 있었다. 몸을 돌려 동굴 밖 세상으로 나와 진짜 세상을 마주하는 일은 없던 시력이 생겨나는 게 아니라 바라보는 방향을 바꾸는 단순한 일이다. 그럼에도 이 일은 그들에게 쉽지 않다. 영혼을 끌어모아 모든 생명의 근원이 되는 태양을 알 때까지 괴로움을 견디며 동굴 밖 세계로 전진해야 한다. 그래서 플라톤은 '공부란 영혼을 전향하는 일이며, 혼을 무지로부터 해방시키는 일'이라 말한 것이다.

그렇다면 그림자와 동굴은 무엇을 상징하는 것일까? 동굴 안의 세계는 무無사유이다. 밖에서 주입하는 대로 지식을 받아들이며 그림자를 의심한 적이 없는 무비판, 그림자가 어디서 나오는지 고민이 없는 무논리의 세계이다. 생각 없이 보이는 대로 이해하는 상태이자 본능대로 사는 삶이다. 반면 동굴 밖의 세상은 사유함으로써 안목을 갖춘 상태이다. 사물의 근원이 어디에서 비롯되어 어디로 가는지 관찰하고, 추론하고, 상상하며, 지식을 만들어 간다. 지성을 갖춘 삶이다. 동굴 밖에서는 스스로 주인이 되어 진리를 탐구할 수 있다.

플라톤은 여기에서 더 나아가 동굴 밖을 나가다 햇빛을 보고 시력이 약해진 죄수가 동굴 안으로 돌아가는 상황도 상상했다. 죄수는 다시 어둠에 익숙해지기까지 불편함을 느낄 것이다. 게다가 나머지 죄수들에게 자신이 마주한 바깥세상에 대해 말을 꺼내자마자 격렬한 비판을 들을지도 모른다. 결박된 죄수들은 돌아온 이가 반갑기는커녕 자신들을 귀찮게 한다고 분노할 것이다. "그 일이 지금의 안락함을 포기하고, 육체를 고통스럽게 만들면서까지 할 만큼 가치 있는 일이야?"라고 되물으며. 그래도 계속 성가시게 굴면 '죽이겠다'고 협박까지 할 것이다. 훗날 몇몇 학자들은 동굴 안 나머지 죄수들이 플라톤의 스승인 소크라테스를 죽음으로 몰아갔던 어리석은 아테네 시민들을 묘사하고 있다고 보기도 한다.

플라톤의 공부 이야기에서도 인간은 의지와 지적 능력에서 차등적으로 존재한다. 대부분은 어리석고 의지가 약하며 주어진 안락한 삶에 만족한다. 심지어 자신들이 누리는 안락함을 방해받는 것을 못 견뎌 한다. 소수의 인간만이 가짜와 진짜를 구분하며 진짜를 추구할 수 있는 공부를 수행한다. 먼저 진리를 깨달은 자가 어리석은 대중들을 깨우치는 과정에서는 비웃음과 비난, 심지어 죽음까지 각오해야 한다. 그러나 한번 동굴 밖으로 나온 이는 이제 언제나 동굴 밖 세계에 머물고 싶어 하며, 다른 동료들에게도 이 멋진 세상을 보여 주고 싶은 간절함과 안타까움을 느낀다. 플라톤은 영혼을 전향한 사람을 '지혜를 사랑하는 사람', 즉 철학자라 언급한다. 그리고 동굴 안에 결박되어 있는 이들을 '의견을 사랑하는 사람들'이라 칭했다.

지혜를 갖추고 참 세상을 바라보는 안목을 키우는 것은 쉽지 않다. 안락함이 사라지면 육체는 고통받는다. 앞으로 나아가면서 '내가 제대로 가고 있는 것인가?' 의심하기도 한다. 도대체 그럴 만한 가치가 있는지, 계산기를 두들긴다. 그러나 우리는 안다. 지금까지 누리던 안락이 자유가 아니라 구속당한 상태라는 사실을.

동서양을 막론하고 전통적으로 공부란 소수에게만 주어진 것이라는 편향된 인식이 존재했다. 동양의 지배 계층은 글을 아는 지식인들로, 이들은 다수의 무지한 백성을 돌보는 역할을 담당했다. 서구에서는 라틴어로 쓰인 성서를 읽고 해석할 수 있는 성직자 같은 일부 계층만이 공부할 수 있었고, 대다수 국민은 공부와 거리가 먼 삶을 살았다.

동양과 서양의 오랜 지식인들에게 공부란 모국어가 아닌 외국어 책을 읽고 형이상학적 이론을 이해하는 일로 한정되었다. 공부는 특별한 누군가가 하는 일, 또 공부한다는 것은 특별한 일이라는 고정관념을 공고히 했다. 다른 사람에게 지배받지 않고 독립적인 자유민으로 살아가기 위해서는 지성을 계발하고 세상을 바라보는 안목을 길러야 하지만, 이것이 모두에게 허용되지는 않았다. 오랫동안 지배층은 피지배층에게 공부에 대한 비밀을 공유하지 않았다. 견고한 신분 질서가 무너질 수도 있었기 때문이다. 불과 100여 년 전까지도 국가가 책임지고 모든 개인에게 공부할 수 있는 권리를 보장할 만큼 사회의식은 성숙하지 못했다.

차별적 시각이 깨질 수 있었던 것에는 동굴 밖으로 먼저 발을 디뎠던 선각자들의 영향이 컸다. 동굴 안 죄수들이 처음부터 이들 철학자에게 우호적이지는 않았겠지만, 그렇다고 그들 모두가 무지한 생활에 만족한 것은 아니었다.

그리고 마침내 프랑스 대혁명을 시작으로 보편적 평등과 권리를 이야기하게 되었다. 그러면서 누구든지 인간이라면 신 또는 귀족을 위해서가 아니라 자아실현을 위해 공부할 수 있다는 주장을 현실화하게 되었다. 이제는 국가가 모두에게 똑같은 교육을 제공한다. 교육을 담당하는 일이 개인에서 국가의 손으로 넘어가면서 어느 정도 자신이 가진 잠재력과 능력을 발휘할 수 있는 교육을 받게 되었다. 대한민국에서는 "모든 국민은 능력에 따라 교육받을 권리를 지닌다."라고 헌법에 명시했다. 공부 행위는 누군가의 시혜에 감사하며 해야 하는 것이 아니라, 개인이 당당히 누려야 하는 권리가 된 것이다. 물론 여전히 보이지 않는 차별과 유리천장이 사회 곳곳에 숨어 있지만 1세기 전 세상과 비교하면 놀라운 변화를 보여 주고 있다.

모두가 공부할 수 있다는 인식과 실천은 피의 혁명으로 힘들게 얻어 낸 성취인데도 우리는 이 소중함을 망각하며 다시 혁명 전의 사회로 돌아가려고 한다. 반지성적인 교육 속에서 하루하루를 소진하는 사이, 동굴 안 죄수의 삶에 만족하며 자신의 행위를 '소박한 삶'이라고 합리화한다. 공부는 뭔가 특별한 사람만이 할 수 있다는 생각은 독립된 인간으로서 지녀야 할 주체적 태도와 거리가 있다. 나라는 인간 안에는 풀과 바람, 동굴 안과 동굴 밖의 사람처럼 양면적인 모습이 있을 뿐이다.

　사람이라면 누구나 자각과 성찰을 통해 풀에서 바람으로, 동굴 안에서 동굴 밖으로 인식과 행동을 바꿔 나가야 한다. 풀과 동굴 안의 삶에 만족하며 사는 사람은 바람과 동굴 밖의 삶에 관심을 두지 않는다. 그러나 어떠한 계기나 호기심으로 한번 '바람'과 '동굴 밖'의 삶에 눈길을 던지기 시작하면, 즉 영혼의 전향이 일어나기 시작하면 어떤 일이 생길까? 적어도, 내 안에서 끓어오르는 뭔가로 인하여 더 이상 안락한 삶에 만족할 수는 없을 것이다.

3부

결심하기

인생은 하루아침에
만들어지지 않는다

    와인은 바람, 햇빛, 포도밭의 흙 등 다양한 요인이 차곡차곡 어우러져 만들어진다. 프랑스 사람들은 이러한 자연의 손길을 '떼루아Terroir'라고 부른다. 와인은 포도나무의 수령이 오래될수록 맛이 깊어지는데, 그것은 바로 오랜 세월이 만들어 낸 떼루아 덕분이다. 조상 대대로 물려받을 만큼 100년 이상 오래된 수령을 가진 나무는 섬세하고 깊은 맛의 포도를 생산한다. 나이가 많은 포도나무는 어린 포도나무에 비해 생산성은 떨어지지만, 열매 한 알 한 알의 당도는 훨씬 높아 밀도 높은 와인으로 재탄생한다. 아직 20년이 채 되지 않은 포도나무는 와인에 쓰일 다채로운 맛을 내는 포도를 생산하려면 시간이 더 채워져야 한다.

    포도나무만 그런 것도 아니다. 피톤치드를 발산하는 편백나무

역시 수령이 오래될수록 피톤치드가 풍성해진다. 나무들은 나이에 따라 쓰임새도, 대접도 달라진다. 서둘러 자란 나무는 대개 일찍 베이는 경우가 많으므로 성급하게 성장을 재촉해서 좋을 것이 별로 없다. 이런 나무는 공장에 팔려 기성품 가구로 만들어질 확률이 높다.

반면 폭풍우와 사나운 바람에 세차게 흔들리며 산전수전을 겪은 오래된 나무들은 특별한 가치를 알아보는 장인에게 선택받는다. 목재가 아주 단단한데도 행여 흠집이라도 날까 소중하게 다뤄진다. 여기에 예술적 감각이 더해지면 고급스러운 무늬가 돋보이는 아름다운 수제 가구로 재탄생한다. 세월이 만들어 준 자연스러운 나뭇결 덕분이다. 설령 다시 쓰이지 않더라도 오래된 나무는 그 자체로 사람들을 불러 모은다. 이런 나무에는 가만히 서 있기만 해도 사람들의 마음을 어루만져 주는 푸근함이 있다.

종가의 음식들도 마찬가지이다. 깊은 땅속에서 오랜 시간 숙성된 장, 시간을 머금고 향이 깊어진 술은 건강하고 다채로운 맛을 낸다. 간장, 고추장, 술을 품고 있는 집도 그렇다. 오랜 세월에 걸쳐 숙성된 맛을 지키려면 가문의 집도 그만큼 대를 이어 오래되어야 한다. 문중의 한옥은 지은 지 300년 가까이 되는 고택인 경우가 많다. 요즘 주택에 비해 손때도 많이 타고 불편하지만 그래서 훨씬 멋스럽다. 도시의 집처럼 편리하지는 않아도 한 번쯤은 살아 보고 싶은 장소이다. 사람들은 이렇게 오랜 세월 동안 인고하며 숙성된 것의 가치를 알아보고 아껴 주며 사랑한다. 거기에는 다른 무엇도 대체할 수 없는 특별함이 있기 때문이다. 숙성을 거쳐 깊은 맛과 멋을 내기 위해 오랜 시간 버티고 인내하며 생존하는 법을 터득한 대가이다.

인생도 하루아침에 만들어지지 않는다. 날 때부터 완성형인 사람은 없다. 사람이야말로 세월의 숙성이 절대적으로 필요한 존재다. '대기만성'이란 사자성어가 괜히 있는 말이 아니다. 젊은 날은 눈부시고 찬란하기만 한 시간으로 채워지지는 않는다. 많은 사람이 서툴고 설익어 불안한 나날을 보내기도 한다. 그러니 다시는 되돌아갈 수 없는 젊은 날을 떠올리며 서글퍼하고 우울해할 필요가 없다. 지나온 삶을 지나치게 후회하며 아쉬워하지 말자. '대체할 수 없는 나'를 위한 떼루아는 기쁘고 즐거웠던 순간뿐만 아니라 괴롭고 힘들었던 시간까지 전부 포함한다. 자신에게 주어진 삶을 감사히 여기고 소중하게 다루다 보면 하루하루 숙성되어 깊은 맛을 내기 마련이다. 그러니 한 해 한 해 나이가 들수록 어떤 맛이 더해질지 기대하고 설레면 좋겠다. 청춘 시절이 끝났다고 설레는 마음마저 사라질 이유가 없다.

느긋하지만
쉼 없는 공부

평생에 걸쳐 완성한 공자의 이력서

떼루아를 평생에 걸쳐 실천한 대표적인 사람은 공자이다. 그는 나이 들어 가는 삶을 누구보다 진심으로 기대하고 설레었을 것이다. 공자는 겸손하지만 솔직하고 당당했다. 그는 제자들을 포함해 누구에게나 자신이 어떤 삶을 살아왔는지 숨김없이 보여 주었다. 보통 사람처럼 직업적인 성취, 막대한 부, 그간 쌓아 올린 명성이나 지식 같은 것을 뽐낸 게 아니었다. 공자는 남에게 인정받는 삶이 아닌, 스스로 인정하고 자신을 위한 삶을 살아가는 사람이었다.

공자가 작성한 이력서를 보자.

"나는 열다섯 살에 공부에 뜻을 두었소. 서른 살에는 자립할 수 있었지. 마흔 살에는 유혹에 당하지 않게 되었다오. 쉰 살에는 하늘이 명령한 것이 무엇인지 알 수 있었고 예순 살에는 귀가 순해졌소. 일흔이 되니 마음 내키는 대로 해도 법도에 거스르지 않게 되었소."

공자의 이야기를 듣고 나면 생텍쥐페리의 소설 『어린 왕자』에 나오는 숫자를 좋아하는 어른들의 이야기가 떠오른다. 어른들은 아이가 "장밋빛 벽돌로 지은 예쁜 집인데, 창에는 제라늄이 있고 지붕에는 비둘기가 있어요."라고 말해도 그 집이 얼마나 사랑스럽고 따뜻한지 알아듣지 못한다. 공자가 확신에 찬 눈빛으로 "지금까지는 내 입으로 말하기가 부끄러웠지만 나는 이렇게나 치열하게 공부하며 마음을 단단하게 만들기 위해 열심히 살아왔다네!"라고 말해도 "나는 고위 관료였고 수레는 몇 대를 끌고 다니며 만 명 넘는 사람들이 들어서도 여유 있는 마당을 가진 집이 있다네."라는 말을 듣길 원하는 사람들이 있다. 이들은 공자가 얼마나 깊은 맛이 나는 인생을 만들고자 애썼는지 깨닫기 어려울 것이다.

10대의 공자는 기특하게도 '사람이라면 어떻게 살아야 잘 사는 것일까?'를 고민했다. 그래서 이것저것 배워 보기도 하고, 이 사람 저 사람을 만나면서 안목을 키웠다. 공자는 내면에 온화함, 지혜,

평온, 절제, 균형, 인자함을 갖춘 사람이야말로 잘 사는 사람이라고 확신했다. 다만 이런 사람은 되고 싶다고 해서 저절로 만들어지지는 않으며 단기간에 얻어지는 성품이 아닌 것을 알았다. 공자는 중도에 그만두지 않고 계속 공부해서 아주 조금이라도 발전하면 충분하다고 낙천적으로 생각했다.

공자는 질풍노도의 10대, 혈기 왕성한 20대를 지나면서 온화하고 지혜로우며 평온하고 언행이 절제된 균형 잡힌 삶을 동경했다. 이 시기를 지나는 사람들은 가정에서나 사회에서 좋은 사람이라는 평판을 듣고자 애쓰기 마련이며, 부를 쌓고 명예를 얻기 위해 노력한다. 하지만 공자는 좋은 사람이라는 평판을 듣는 것보다 남이 알아주지 않아도 좋은 사람으로 살아가는 것이 더 중요하다고 생각했다.

공자가 덕德을 해치는 적이라 비난했던 인물 유형은 향원鄕愿이었다. 이들은 은근히 세상에 잘 보이려 애쓴 결과 점잖은 사람이라는 괜찮은 평판을 얻었다. 겉으로 보이는 모습은 나무랄 데 없었다. 문제는 진정성이 없었다는 점이다. '모두에게' 좋은 사람이 되는 일은 현실적으로 불가능했다. 공자는 남에게 잘 보이려고 아등바등하는 인생이 얼마나 덧없고 가벼운지를 알고 있었다. 덕분에 서른 살 공자는 남에 의해서, 남을 위해서가 아니라 자기 스스로, 자신을 위한 삶을 시작할 수 있었다.

유혹에도 흔들리지 않는 삶이 되기까지

공자는 여기에서 멈추지 않았다. 그는 자신이 날 때부터 천재가 아니기 때문에 하나하나 직접 부딪히고 겪어 보고 배워야 아는 유형이라고 이야기하곤 했다. 그는 자신을 '그저 힘써 알기를 노력하는 사람', '배우기를 좋아하는 사람'이라고 표현했다. 누구나 그렇듯 사람들에게 실망하고, 배신도 당하며 유혹도 생기는 등 여러 인간 군상을 접하며 인간의 내면을 탐구할 기회를 얻었다. 공자는 자신이 추구하는 이런 방식의 삶을 후회하지 않고 꿋꿋이 살아갔다. 그러자 마흔쯤 되니 외부에서 일어나는 사건들과 주위 사람들로 인해 인생 목표가 흔들리지 않았다.

공자는 50대가 되니 왜 좋은 삶을 살아야 하는지를 스스로에게 설명할 수 있게 되었다. 훌륭한 사회 뒤에는 위대한 인격을 갖춘 인물들이 존재했으며 따라서 그런 인간이 되도록 노력하는 것을 멈출 수 없다고 여겼다. 그는 더 나은 사회를 만들기 위해서는 제도 자체보다 인간의 내면을 개선해야 한다는 이상주의자였다. 완전한 사회는 인간다움을 잃지 않으려는 사람들에 의해 만들어진다는 신념을 지니게 되었다. 또한 살다 보면 인간다운 내면을 쉽게 잃기 때문에 더욱 어떻게 살 것인지에 관한 방향과 목표를 설정해야 한다고 보았다. 공자는 쉰 살까지 역경을 공부한다면 큰 허물이 없을 것이라며 공부를 서두르거나 그만두지 않았다.

하지만 나이가 들어 가니 공자에게도 문제가 생겼다. 육체가 시시각각 노쇠해지면서 마음이 제멋대로 움직여 온화함을 유지하는 일이 쉽지 않았다. 몸은 예전 같지 않은데 욕망만 커지는 것을 경계했다. 공자는 마음에 풍파가 찾아올수록 뜻이 맞는 사람들을 만나 함께 공부하며 육체를 핑계로 공부를 중단하지 않았다.

그렇게 수양을 계속하자 예순 살쯤 되어 마음이 넉넉해지니 귀에 들리는 것도 순해질 정도가 됐다. 중간중간 유혹도 받고 위기 상황도 있었지만 이를 잘 넘긴 덕분에 70세 즈음에는 공부가 자연스럽게 몸에 배었다. 마음에 유혹이 들어서지 않으니 이제 마음 가는 대로 해도 지금까지 추구한 삶에서 벗어남이 없게 되었다.

죽기 전까지 공부를 놓지 않는 삶

공자는 열다섯 이후부터 자기 자신을 위해 살고자 부단히 노력했다. 누군가 대신 생각해 주고 결정하는 대로 따르지 않았다. 깨우침을 얻기 위해 고민하며 스스로에게 끊임없이 질문했고, 귀찮지만 답을 찾기 위해 애썼다. 공자는 다른 사람에게 선택당하는 삶이 아니라, 내가 선택하는 삶을 위해 분골쇄신하는 마음으로 정진

했다. 그리고 그 '분골쇄신'의 노력을 '공부'라고 여겼다. 젊은 시절 남에게 쓰이고자 지식을 쌓고, 유행을 좇듯 잠깐 하고 마는 공부를 하느라 정작 자신의 인생에 대해서는 묻지도, 답해 보지도 않는 사람들이 봤을 때 공자는 별나고 대단한 사람이었다.

그러다 보니 그는 항상 당당하게 삶의 이력을 말할 수 있었다. 노년의 공자에게서는 잘 익어 숙성된 부드럽고 깊은 맛과 은은한 향이 풍겼을 것이다. 그것은 바로 품격과 지혜, 자유에서 비롯된 떼루아의 향기가 아니었을까.

공자는 "어짊을 좋아하되 공부하기를 좋아하지 않으면 어리석어지며, 지식을 좋아하되 공부하기를 좋아하지 않으면 방자해지며, 신의를 좋아하되 공부하기를 좋아하지 않으면 남을 위협하게 되고, 정직을 좋아하되 공부하기를 좋아하지 않으면 남을 헐뜯게 되고, 용기를 좋아하되 공부하기를 좋아하지 않으면 포악해지며, 강한 것을 좋아하되 공부하기를 좋아하지 않으면 미쳐 날뛰게 된다(『논어』, 양화 편, 호인불호학好仁不好學 기폐야우其蔽也愚 호지불호학好知不好學 기폐야탕其蔽也蕩 호신불호학好信不好學 기폐야적其蔽也賊 호직불호학好直不好學 기폐야교其蔽也絞 호용불호학好勇不好學 기폐야란其蔽也亂 호강불호학好剛不好學 기폐야광其蔽也狂)."라며 공부하지 않는 삶의 폐단을 말했다.

용기 있는 태도를 좋아하는 사람이 있다. 그러나 사람들 사이에서 지켜야 할 예의나 법, 절제 등에 무지하다면, 그 용기를 행하는 과정에서 누군가를 괴롭힐 수 있다. 타고난 것 말고도 내게 부족한 것들이 무엇인지를 알고 배워야만 용기를 적절하게 행할 수 있다. 결국 공부란 타고난 기질의 한계를 보완하기 위해 행하는 일체의 노력들이다.

동양에서는 공자가 죽기 전까지 공부하는 삶을 놓지 않았다면 서양에서는 플라톤이 공부하는 삶의 전형을 제시했다. 플라톤은 18세까지는 체육, 음악, 글쓰기를, 20세까지는 군사 교육을, 30세까지는 수학, 기하학, 천문학을, 35세까지는 변증법을, 50세까지는 직업(실무) 경험을, 이후에는 영혼의 성장을 위한 교육을 해야 한다고 제시했다. 이 모든 교육의 목표는 하나이다. 한 사람을 지혜로운 영혼을 지닌 '인간'으로 만드는 것이다. 플라톤은 예체능부터 인문학과 과학, 여기에 직업인으로서의 경험까지 지혜로운 영혼을 지니는 데 필수 학문이라고 보았다. 공부를 어느 특정한 시기에 집중적으로 하는 것이 아니라 오랜 시간에 걸쳐 꾸준히 공부에 매진해야 한다고 보았다.

플라톤의 주장에서 중요한 점은 몇 세에 무엇을 배우는가보다 누구에게나 죽기 전까지 삶을 단단히 만들어 주는 공부가 필요하다는 것이다. 공자나 플라톤 모두 단절 없는 연속적인 공부를 강조했다. 그들은 나이가 들면서도 공부를 함으로써 인간으로서의 존엄을 잃지 않고자 했다. 인간이라면 피할 수 없는 운명, 즉 죽음을 핑계로 공부를 포기하는 일에 대해서는 논하지도 않았다. 삶의 불확실성은 인간이 관여할 수 없는 영역이므로, 인간이 할 수 있는 일만 이야기했다. 두 선각자는 모두 빠르게 뻗기만 하는 나무의 삶을 경계했다. 이들이 말하는 공부의 세계에는 '졸업'이란 없었다.

촛불 하나만으로도
방을 밝힐 수 있다면

지능 지수를 넘어 다중 지능 이론으로

아이큐라 불리는 지능 지수Intelligence Quotient는 한때 사람의 학업 능력과 가능성을 평가하는 기준이었다. 아이큐가 높으면 전문직과 같은 엘리트 직업에 종사할 확률이 높다고 맹신하기도 했다. "아이큐가 몇이야?"라는 질문은 단순히 상대방의 아이큐가 궁금해서 물어보는 말이기도 하지만 때로는 멸시와 조롱이 담겨 있는 질문이 되기도 한다. 학업 능력과 업무 수행 능력 등이 다소 낮을 때, 아이큐는 손쉽게 사람의 능력 심지어 성품까지도 비난하는 근거가 된다.

지능 검사는 한 인간의 능력을 정확하게 평가할 수 있는 완전한 검사가 아니다. 대개 수학, 공간, 언어 능력과 같은 특정 분야만을 평가한다. 그럼에도 한때는 지능 지수가 낮으면 학업 및 사회생활에서 실패한 사람으로 여겨졌다. 지능 지수가 높은 사람은 선망의 대상이 되었다. 지능 검사는 다른 검사에 비해 타당성이나 신뢰도가 높다는 이유로 영재를 판별하는 주요 도구로 활용되었다. 하지만 시간이 지나면서 지능 검사가 인간의 잠재 능력과 수행 능력 등을 온전히 측정하지 못한다는 사실이 밝혀지면서 이제 예전만큼은 주목받지 못하게 되었다. 인간의 지능과 재능을 바라보는 새로운 관점이 등장한 것이다.

미국의 대표적 심리학자 하워드 가드너Howard Gardner 교수는 아이큐 같은 전통적인 지능 이론의 대안으로 다중 지능 이론Multiple Intelligence을 주장했고, 지금까지도 꾸준히 연구를 이어 오고 있다. 다중 지능 이론이란 인간은 기본적으로 언어, 논리 수학 지능뿐만 아니라 공간, 신체 운동, 음악, 자기 성찰, 인간 친화, 자연 친화 등 여덟 가지 지능을 가지고 있다는 데서 출발한다. 인간을 인간답게 만드는 지능에는 언어나 논리 수학 지능만이 아니라 더 다양하고 복잡한 지능들이 있다는 것이다. 이 가운데 어떤 지능을 어떻게 조합할지는 사람마다 다르다. 이것이 모두가 다른 능력과 취미를 가지는 이유이다.

가드너는 또한 각 지능은 독립적이라고 주장했다. 즉, 언어 지능

이 낮아도 공간 지능은 높을 수 있다. 그리고 모든 지능은 대등하므로 특정 지능만이 우월하다고 판단할 수 없다. 부족한 지능이 있다면 후천적으로 어느 정도 계발이 가능하다. 이 이론에 따라 유아를 비롯한 학령기 청소년들의 교육에 어떻게 적용할 것인가가 연구 중이다.

최근에는 다중 지능 이론이 성인에게도 적용된다고 보고 이를 활용하는 방식에 관한 연구도 활발하다. 이를 어른 공부에 적용해 보면 왜 평생 공부가 필요한지 이해하게 된다. 우리는 주로 학창 시절에 언어와 수학 지능을 계발하기 위해 시간을 보낸다. 하지만 안타깝게도 모든 사람이 언어와 수학 지능에 잠재력을 타고나지는 않는다. 다중 지능 이론에 따르면 사람이 살아가는 데는 그 외의 지능들도 중요하므로 학창 시절의 공부는 다소 편향적이다. 주로 학창 시절의 학습 능력으로 승패를 예측하는 아이큐 이론과 달리 다중 지능 이론은 나이가 들어서도 다양한 지능을 계발하도록 용기를 준다. 어떤 지능을 조합해 구성하느냐에 따라 중장년의 삶도 다채로워질 수 있다. 따라서 각자의 영역에서 지능을 다양하게 활용할 수 있도록 시도하는 것이 중요하다.

학창 시절에는 내가 무엇을 좋아하고 어떤 관심사에 섬세하게 반응하는지 정보를 구하기가 어렵다. 천편일률적인 정규 교육 과정은 개인의 관심사에 초점을 맞추고 있지 않기 때문이다. 이러한 교육은 적성과 상관없이 전 국민을 대상으로 실시되었으므로 단기간에 문맹률을 크게 낮추고 학습 능력을 획기적으로 높이는 성과로 나타났다. 소수만이 글을 읽고 쓸 줄 알았던 옛날에 비하면 괄목할 만한 성장이다. 보편 교육의 역사가 그리 길지 않다는 점을 상기한다면 더더욱 놀랄 일이다. 그러나 가성비를 추구하는 공장식 교육은 개개인을 세심하게 교육하기가 쉽지 않다. 이런 상황에서는 내가 무엇을 좋아하고 잘하는지 알기가 어렵다.

그러다 보니 대부분의 사람은 나이가 들어도 관심사를 제대로 찾지 못한다. 하지만 가드너는 뒤늦게라도 이를 알아 가는 게 중요하다고 말하며, 인간은 계속해서 재능을 발견하고 기를 수 있기 때문에 다양한 자극을 주는 환경이 필요하다고 역설한다. 다중 지능 이론에 따르면 내가 어떤 지능을 가지고 있으며 어떻게 반응하는지를 탐색하는 일은 살아 있는 한 유효하다.

지금부터 몸을 움직여 숨은 지능을 찾는 나만의 교육 과정을 설계해 보면 어떨까. 1교시 음악, 2교시 체육, 3교시 자연 산책, 이런 식으로 잠재된 지능을 하나씩 탐색하고 자극하는 활동을 시도해 보자. 그러다 보면 의외의 재능을 발견하고 시간 가는 줄 모르는 재미를 찾을지도 모른다. 적절한 과제를 하다 보면 재미와 몰입이라는 뜻밖의 수확을 얻을 수 있다. 이러한 시도들은 단조로운 일상을 창조적인 시간들로 채워 줄 것이다.

욕구 단계 이론으로 설명하는 공부라는 욕망

나이가 들어서도 공부가 필요한 이유를 다르게 설명한 학자도 있다. 심리학자 에이브러햄 매슬로Abraham Maslow는 '욕구 단계 이론Maslow's hierarchy of needs'을 주장하며 인간에게 존재하는 다양한 욕구를 분석했다. 인간의 욕구 가운데는 한번 충족되면 더 이상 생각나지 않는 욕구가 있는가 하면, 채워져도 만족하지 못해 더 원하게 되는 욕구도 있다. 매슬로는 식욕과 수면욕을 가장 기초적인 욕구라고 보았다. 이것들은 가장 낮은 단계의 욕구지만 충족되지 않으면 생명의 위협을 받을 만큼 중요하다. 이 욕구가 충족되고 나면 인간은 안전에 대한 욕구를 추구하고 더 나아가 어딘가에 소속되고 존경받고 싶은 사회적 욕구를 소망한다. 그리고 마지막으로 가장 상위 욕구인 자아실현의 단계를 갈망하게 된다.

욕구를 제대로 채우지 않으면 인간은 불편함을 느낀다. 생리적 욕구가 부족하면 생명의 위협을 받아 사망에 이를 수도 있다. 존경의 욕구를 채우지 못하면 사회적 고립 혹은 단절이 일어난다. 마지막으로 자아실현의 욕구를 채우지 못하면 영혼이 생기를 잃고 우울해진다. 자아실현의 욕구는 만족이 없는 성장 욕구에 해당한다. 나이가 들어서도 이 욕구는 멈추지 않는다.

매슬로는 인간만이 사회적 욕구와 자아실현의 욕구를 지닌다고 보았다. 하위 욕구만을 추구하는 동물과 달리 고등동물인 인간은 조금 더 복잡하고 추상적인 욕구를 지닌다는 것이다. 인간은 이에 반응하며 행동한다. 존경받고 싶으면 어떻게 해야 존경받을 수 있을까 고민하고 여러 시행착오를 겪게 된다. 자아실현을 원한다면 내가 무엇을 잘할 수 있고 좋아하며 어떤 일에 관심이 있는지 탐색하고 연구해야 한다. 무엇보다 중요한 것은 가만히 있지 말고 움직여 '행동해야 한다'는 것이다. 당연하지만, 아무것도 하지 않으면 어떤 욕구도 채워지지 않는다.

이런 욕구들은 죽을 때까지 새롭게 생겨난다. 이를 해결하는 방식은 사람마다 다양하다. 종교 수행자들은 욕구를 차단함으로써 종교적 자유를 추구했다. 그러나 평범한 사람들에게는 욕구를 억누르는 방식이 오히려 위험할 수 있다. 타인에게 피해를 주지 않는 선에서 욕구를 채워야 하고, 사회에서 어울려 살아가면서 죽을 때까지 끊임없이 노력해야 한다.

가드너나 매슬로는 인생살이에 필요한 공부는 앉아서 책만 읽는 데서 그치지 않는다고 강조한다. 이들의 이론에는 삶이 하루아침에 완성되지 않으며, 공부란 책상 앞에 앉아서 책과 씨름하며 지식을 꾸역꾸역 집어넣고, 일정한 시기가 되면 책을 덮어 버리는 게 아니라는 전제가 깔려 있다. 공부는 내가 누구인지, 어떤 사람인지 찾아가는 긴 여정이므로 다양한 전략을 구사해야 한다.

물론 어려서 하는 공부와 나이 들어서 하는 공부에는 차이가 있을 수밖에 없다. 평생 공부를 강조한 옛사람들도 어려서 하는 공부를 태양 빛에, 나이 들어서 하는 공부를 촛불에 비유했다. 청소년기는 뭘 해도 설레고 빛이 나는 시기이다. 이런 시기에 하는 공부에는 강렬한 태양 빛처럼 뭐든 빛나게 해 주는 힘이 있다. 반면 나이가 들면 설렘도 줄어들고 빛도 희미해진다.

그러나 어두운 방에서는 촛불 하나만으로도 긴긴밤을 견딜 수 있다. 어른의 공부는 외롭고 쓸쓸한 인생길을 은은하게 밝혀 주고 위로해 주며 포근하게 어루만져 준다. 태양 빛에 비해 하찮다고 해서 촛불마저 꺼 버리면 적막 같은 어둠만이 남을 뿐이다. 캄캄한 방에서 홀로 무얼 하며 있을 것인가. 고작 촛불 하나도 어둠을 밝혀 주지 않는가. 어른의 공부가 바로 이와 같다. 공부는 학창 시절만의 것으로 끝나는 것이 아니다.

4부

방법 찾기

유학자들이
연꽃을 사랑한 이유

무더운 여름이 찾아오면 연못에는 활기가 넘친다. 연꽃이 은은
하게 피어나기 시작하면서 그제야 사람들은 평소에는 일부러 찾지
않았던 연못으로 발길을 돌린다. 한여름의 연꽃은 감탄하며 바라
볼 만큼 경이롭다.

연꽃은 불교를 상징하는 꽃이다. 진흙 속에서 자라나지만, 꽃잎
은 하나하나 깨끗하다. 그래서 불교에서는 연꽃이 어떠한 환경에
있더라도 더러워지지 않는 인간의 순수한 마음과 닮았다고 보았
다. 게다가 연잎에는 물 한 방울도 달라붙지 않는다. 그뿐인가. 모
나지도 않고 둥글둥글한 연잎은 보는 이의 마음을 부드럽게 어루
만져 준다. 길어서 부러질 것 같은 줄기는 태풍이 지나간 자리에서
도 꼿꼿하다. 그러니 오죽하면 생전에 법정 스님은 다음 생애에 태

어나면 산에 집을 짓고 연못을 파서 연꽃을 심고 한없이 보고 싶다
고 하셨을까. 연꽃은 티끌만 한 욕심도 탐하지 말고 털어 내야 한
다는 불교 교리를 그대로 닮았다.

그렇지만 연꽃은 불교만의 꽃은 아니다. 평소 불교를 비판해 온
유학자들도 연꽃을 사랑했다. 이런 배경에는 중국 북송 시대 유학
자인 염계 주돈이의 시가 결정적이었다. 그가 연꽃에 대해 쓴 「애
련설愛蓮說」이라는 시가 널리 퍼질수록 사람들은 연꽃을 더욱 곁에
두고 싶어 했다. 다음은 「애련설」의 일부이다.

세상 온 천지 초목의 꽃 중에(수륙초목지화水陸草木之花)

사랑할 만한 것이 많다(가애자심번可愛者甚蕃)

진나라 도연명은 국화를 좋아하고(진도연명晉陶淵明 독애국獨
愛菊)

당나라 이후 사람들은 모란을 좋아하나(자이당래自李唐來 세
인世人 심애목단甚愛牧丹)

나는 진흙에서 자랐지만 더럽혀지지 않은 연꽃을 사랑한다
(여독애련지출어니이불염予獨愛蓮之出於淤泥而不染)

맑고 깨끗하게 씻기지만 부정하지 않으며(탁청련이불요濯淸漣
而不夭)

속은 비었지만 밖은 곧고 덩굴지지도 가지가 나지 않으며(중

통외직불만불직中通外直不蔓不枝)

향기는 퍼질수록 맑아지며(향원익청香遠益淸)

우뚝하게 맑게 서 있으며(정정정식亭亭淨植)

멀리서 바라볼 수는 있지만 함부로 장난칠 수 없기 때문이다

(가원관이불가살완언可遠觀而不可褻翫焉)

「애련설」이 조선의 지식인들에게 전해진 이전과 이후 연꽃의 위상은 성리학 독주 시대였던 조선에서 격세지감으로 달라졌다. 그렇지만 연꽃을 감상하는 데 어렵고 심오한 종교나 학문적 지식을 갖춰야 할 필요는 없다. 열심히 살아가는 평범한 사람들의 삶이 연꽃 그 자체니까.

재능도 고만고만, 실력도 고만고만, 손에 쥐고 있는 것도 고만고만하다고 해서 우리의 꿈도 그 정도는 아니다. 다들 주어진 삶에서 연꽃 한 번을 피워 내기 위해 이리저리 애쓰며 살고 있다. 아무도 주목하지 않는 진흙밭에 살고 있더라도 크든 작든 순수한 마음으로 꽃을 품는다. 그러니 평범하다고 해서 기죽을 필요가 없다. 연꽃은 진흙밭에서 피지 않는가. 이제부터는 우리의 평범한 일상에서 실천할 수 있는 공부가 무엇인지 이야기해 보고자 한다.

사람으로 만나는
공부

멘토, 약이거나 독이거나

2000년도 후반 즈음부터 방송을 통해 스타 멘토들이 등장했다. 주부들의 멘토인 김미경 원장, 엄마들의 멘토인 정신건강의학과 의사 오은영 박사, 청춘들을 위한 인생 선배 김난도 교수, 즉문즉설의 법륜 스님 등. 이들이 하는 말과 글, 행동은 특정한 계층에 강한 영향력을 미쳤다. 이들은 대중으로부터 인정받아 경제적 또는 사회적 성공을 이룬 대가가 되었다.

처음에는 몇몇 분야에 한정되어 소수로 활동하던 멘토들은 이제 모든 분야에 걸쳐 맹활약 중이다. 멘토 가운데는 꼭 필요한 지식과 정보를 나누며 가려운 부분을 긁어 주는 현명한 사람도 많지만, 불특정 다수를 대상으로 자신의 성공 스토리와 주관적 견해를 진실인 양 포장해 성공 욕망을 자극하는 사람도 있다. 멘티는 시장의 상품을 구매하듯 그들의 스토리를 소비한다. 기업들은 이들의 강연을 후원하는 대가로 기업 이미지를 긍정적으로 탈바꿈한다. 하지만 아이러니하게도 이런 멘토를 찾는 이들은 대개 자본주의 사회에서 불안한 위치에 있는 을들이다. 노동 시장에 정착하지 못한 절망감을 위로받고 현실에 안주하면 곧바로 뒤처질지 모른다는 불안감을 씻어 내기 위해 그들의 강연을 찾아 듣는다.

그런데 한번 곰곰이 생각해 보자. 인생 공부를 하는 데 멘토가 꼭 필요할까? 이 책이 지향하는 어른 공부를 결심했다면, 멘토를 과감히 정리할 것을 권한다. 특히 성공 스토리를 늘어놓는 사람만큼은 피하는 것이 좋다. 냉정히 말하자면, 이들의 조언은 한때일 가능성이 크다. 대중은 멘토의 조언을 잘 편집된 쇼를 보듯 감상한다. 그들이 이야기를 전달하는 과정은 강렬한 퍼포먼스로만 남을 뿐, 실제로 누군가의 마음을 움직여 삶을 변화시키는 경우는 거의 없다. 강연을 들을 때에는 나도 할 수 있겠다는 막연한 설렘을 느끼지만, 그때뿐이다. 찰나의 시간 동안 자극만 받고 끝나는 일이 부지기수이다. 멘티는 수동적으로 멘토들의 조언을 수용한다. 그리고 실제로 그들의 강연은 수익성을 추구하는 하나의 사업에 가까우므로 점점 재미와 감동은 사라지고 결국 대중에게 외면받기 마련이다. 상업성이 떨어지는 멘토의 조언은 아무리 진정성을 가졌더라도 쓸모가 없어진다. 멘토가 넘쳐 나는 시대에 멘토가 부재하는 역설적인 상황이다.

　노화를 늦추는 비결을 알고 있는가? 노화를 늦춰 준다는 각종 영양제와 약이 쏟아져 나와 사람들을 현혹하지만, 노화를 막는 가장 좋은 방법은 삼시 세끼를 잘 챙기고 틈틈이 운동하며 스트레스를 피하고 숙면을 취하는 것이다. 공부에서 멘토도 이와 마찬가지다. 요즘 같은 시대에는 멘토들이 인생을 행복하게 해 주는 비법을 알려 주겠다고 달콤하게 유혹하지만, 강의를 쌓아 놓고 들어도 마음을 들여다보고 삶을 변화시키는 '실천'이 따르지 않는다면 독이 될 뿐이다. 본질적인 방법은 외면한 채 찰나의 심리적 안정을 찾는 것은 내면 성찰에 아무런 도움이 되지 않는다. 영양제와 멘토의 공통점은 인간이라면 두려워할 수밖에 없는 불안을 파고든다는 점이다. 거듭 강조하지만, 인간의 삶은 불확실하다는 점에서 불안과 두려움이 항상 따를 수밖에 없다. 그러니 자유의지를 충분히 발휘해 내면을 단단하게 만드는 공부가 선행되어야 한다. 성공 스토리를 늘어놓으며 상업적 성취를 이루는 게 주목적인 멘토는 대중의 자유의지를 오히려 속박하며 자신의 생각을 무비판적으로 주입할 수 있으니 경계하자.

생각을 주입하는 멘토 vs. 생각을 넓혀 주는 멘토

이처럼 변질된 의미와는 다르게 본래 멘토는 주로 경영학에서 사용하던 용어였다. 조직의 이익을 위해 경험과 지식이 많은 선배가 후배들에게 조언과 상담을 해 주면서 개인의 성장을 촉진해 주는 데서 비롯되었다. 책임감 강한 멘토가 멘티에게 적절하게 조언해 주면 멘티는 그 기대에 부응하고자 노력한다. 멘토와 멘티는 상호 간의 대화와 협조를 통해 친밀한 관계를 맺는다. 멘토 역시 기술적으로 완전한 사람은 아니므로 계속해서 노력하며 멘티가 자신을 신뢰하도록 만든다. 멘토는 자신도 틀릴 수 있다는 것을 안다. 비록 멘티보다 선배의 위치에 있지만, 상대방을 자신보다 열등한 자로 여기지 않는다. 진정한 멘토와 멘티는 동반자와 같은 관계이며 서로의 잠재적 가능성과 노력을 존중하면서 함께 성장하는 것을 중요하게 여긴다.

고대 그리스에는 두 가지 유형의 멘토가 있었다. 대중의 절대적 지지를 받았던 소피스트와 대중으로부터 끝내 미움받아 운명을 마쳐야 했던 소크라테스이다. 후자의 멘토는 불행해 보이지만, 흥미롭게도 역사는 소크라테스에게 인류의 스승이라는 수식어를 붙여 줬다. 이들은 아테네의 전성기에 해당하는 기원전 5세기 후반에 본격적으로 등장했다.

이 시기는 페르시아 전쟁이 끝나고 페리클레스의 황금기라 불릴 만큼 아테네가 급속하게 경제적으로 팽창하던 때였다. 자본과 지식이 아테네에 몰리면서 사회가 빠르게 변화하기 시작했다. 아테네 시민들은 출세해서 경제적 능력을 과시하는 것에 관심을 두었다. 당시 그리스인이 추구하던 이상적인 삶의 유형은 전쟁에 나가 잘 싸워 공을 세우거나, 탁월한 의견을 제시해 다른 사람을 설득함으로써 사회 문제를 해결하는 것이었다. 능숙하게 대중을 설득하고, 마음을 사로잡는 이들이 사회적으로 성공해 부와 명성을 얻자 너도나도 수사학을 배우고자 했다. 수사학은 대중을 상대로 하는 일종의 연설 기술이었다.

소피스트들은 시민들에게 연설을 잘할 수 있는 기술을 알려 주면서 대중적 인기를 누렸다. 이들은 그리스 최초의 고등교육자로 프로타고라스, 고르기아스, 프로디코스 등이 대표적인 인물이었다. 여러 나라를 여행 다닌 덕에 일반 시민들보다 아는 게 많았으며 누구라도 설득할 수 있는 유창한 말솜씨와 누구든지 반하게 하는 세련된 태도를 지녔다. 소피스트들은 사회적 성공과 훌륭한 평판을 바라는 학부모와 청년 들이 원하는 변론술과 수사학 지식을 기반으로 정계 진출을 희망하는 청년들에게 성공으로 향하는 노하우를 전수해 주었다.

소피스트가 가르치는 말 잘하는 기술들은 시민들이 법정에서 자기 사정을 변호할 때 유리하게 활용되었다. 재판에서는 조리 있는 말솜씨로 배심원의 마음을 설득해야 이길 수 있었다. 이들은 시시때때로 맞는 상황에서 곧바로 활용할 수 있을 뿐만 아니라 효과까지 보장된 지식을 전달했다. 무엇이 옳고 틀렸는지, 도덕적으로 바람직한지는 중요하지 않았다. 지식이란 누군가에게는 맞고 누군가에게는 틀릴 수 있으므로 각자의 입장에서 더 큰 이익을 보장하는 견해를 선택하는 게 유용하다고 보았다. 소피스트들은 그러한 상황 파악 능력이 사회에서 살아남는 기술이며 자신들은 이 기술을 잘 가르치는 자들이라고 자부했다.

재미있게도 그들의 강의 기법은 아테네에서도 새로운 것이었다. 아테네 청년들은 익숙한 동네에서 어른들로부터 옛이야기를 들으며 자랐다. 이런 이야기는 시간을 거치며 약간의 과장과 전설이 더해졌겠지만, 젊은이들의 지적 욕망을 자극할 만한 수준은 아니었다. 그러다 눈과 마음을 사로잡을 만한 새로운 이야기를 하는 고급 지식인들이 나타난 것이다. 소피스트들은 사람들의 세속적 욕망을 읽고 도움을 준 대가로 명성과 부를 얻었다. 프로타고라스는 자신이야말로 '젊은이들을 어제보다 더 나은 모습이 되게 해 준다'고 확신했다. 젊은이들은 이들이 강연하는 곳에 돈 보따리를 싸 들고 따라다닐 정도로 열성적이었다.

젊은 소피스트들이 아테네의 상류층에 새로운 바람을 불어넣었을 때 중년의 소크라테스는 길거리의 청년들과 대화를 즐겼다. '정의란 무엇인가?', '용기란 무엇인가?'처럼 익히 알고 있다고 여기는 개념을 정말 제대로 알고 있는지 묻고 답했다. 소크라테스와의 대화는 거듭될수록 자신의 부족함을 자각하게 했고 더 나아가 정확한 개념을 정의하도록 이끌었다. 소크라테스는 정의롭게 '살아가는 것'이 중요하기 때문에 '정의'를 제대로 알 필요가 있다고 생각했다.

소크라테스는 여러모로 소피스트들과 비교되었다. 소피스트들은 자신들의 지식을 과시하며 스스로 최고라고 자부했지만, 소크라테스는 어떤 분야에서든 나만큼 모르는 이도 없을 거라고 고백했다. 소피스트들은 자신들의 노하우를 학생들의 돈과 교환하는 데 관심을 두었지만, 소크라테스는 청년들과 영혼을 공유하는 것을 중요하게 여겼다. 소피스트들은 돈을 받고 가르침을 듣는 청년들을 자신보다 부족한 자로 여겨 지식을 전수하려고 했지만, 소크라테스는 자신이나 청년이나 지혜를 사랑한다는 점에서 동등한 자로 대우해 주었다. 소크라테스는 지혜를 사랑한 철학자였다.

소크라테스는 생각과 행동을 위한 절대적이고 보편적인 기준이 있어야 인간으로서의 품위를 지킬 수 있는 사회가 될 수 있다고 여겼다. 소크라테스는 그 기준을 알기 위해서는 제대로 생각하는 훈련이 필요하다고 보았다. 사사로운 견해에 휘둘리지 않고 합리적으로 사고하기 위해서는 타인의 생각을 무비판적으로 받아들이는 게 위험하다고 판단했다. 지혜로운 인간은 남에게 기대지 않고 힘들더라도 자기 힘으로 성찰할 수 있는 자이므로 남이 주는 대로 지식을 받아들이기만 한다면 끝끝내 아무것도 모르게 될 뿐이라며, 당시 소피스트들이 청년들에게 접근하는 방식을 강하게 비난했다.

소크라테스는 영혼이 어떻게 진리에 도달할 수 있는지를 보여 주고 싶었다. 그는 누구에게나 지혜로운 영혼의 가능성이 숨어 있다고 생각해 청년들과 친구로 지내기를 원했다. 이런 소신대로 청년들에게 억지로 생각하는 법을 가르치기보다 대화와 문답으로 스스로 무지를 깨닫도록 안내했다. 소크라테스는 남을 이겨서 사회적 성공을 쟁취하도록 청년들의 욕망을 부추기는 일을 혐오했다. 이런 전제에서는 지식이란 남들과 공유하기보다 독점해야 좋은 것이기 때문이다. 지식은 곧 돈이 될 뿐이었다. 소크라테스는 나만 성공하는 삶이 아니라 함께 성장하는 사회를 원했다. 그래서 그는 청년들이 독립적인 어른으로 일어설 수 있도록 아낌없이 지식을 내어 주었다.

소피스트들과 소크라테스 모두 당시 청년들에게 의미 있는 스승이었다. 이들에게는 각각 장단점이 있다. 하지만 간과해선 안 될 것은 소피스트와 청년들의 관계는 동등하지 않았다는 점이다. 소피스트를 멘토로 삼은 청년들은 사회적 성공에 이르기까지 시행착오를 덜 겪었겠지만, 그들의 지식과 개인적 의견을 의심 없이 받아들이고 이들을 추종했다. 멘티는 멘토가 자신보다 우월하다고 인식하는 순간부터 그의 이야기를 이성적으로 분별해 받아들이기가 어렵다. 멘티는 멘토를 향한 절대적 추종자가 된다. 훗날 멘토의 생각과 지식이 그르다고 결론 나더라도 잘못된 세계관을 학습한 멘티들은 생각을 바꾸기가 어렵다. 이런 상황에서는 기성세대가 만들어 놓은 세계가 재생산되는 수준에서 그치고 말 것이다.

그에 비해 소크라테스 유형의 멘토는 사회적 성공에 이르는 황금 열쇠를 쥐어 주지는 못한다. 하지만 멘토와 멘티가 동등한 관계이므로 멘토의 의견을 무비판적으로 수용할 위험이 적다. 이때의 멘토는 멘티 스스로 잘 성찰하고 있는지 점검하도록 도와준다. 교육의 주체가 멘티인 것이다. 그래서 소크라테스는 산파에 비유되기도 한다. 산파가 산모와 아기 모두 건강하게 태어나도록 출산을 돕는 것처럼 소크라테스 유형의 멘토는 멘티가 건강한 마음으로 스스로 지혜를 갖추고 제대로 길을 걸어갈 수 있도록 돕기 때문이다.

그렇다면 우리에게 필요한 멘토는 누구일까? 필요한 지식을 얻기 위해서는 소피스트형의 멘토가 필요할 수도 있지만, 멘토는 산파가 되어야 한다는 사실을 잊지 말자. 시간이 지나면 멘티는 멘토 없이 혼자 건강한 생각을 생산할 수 있어야 한다. 이 과정에서 욕

망을 다스리고 자신을 돌아볼 수 있는 어른이 되어야 진짜 성공인
셈이다. 성공에만 급급한 나머지 욕망에 이끌리고 마음의 눈을 잃
어버린다면, 자신도 주위 사람도 불행해지기 마련이다. 어른이 돼
서도 남이 시키는 대로 끌려다니다가는 평생 독립과 멀어지는 삶
을 살 수 있음을 경계해야 한다.

추사 김정희가 만난 세 명의 멘토

추사 김정희는 추사체라는 독보적 서체를 남긴 희대의 문필가
이다. 추사는 글씨만 잘 쓴 게 아니었다. 서예 실력이 워낙 유명세
를 떨쳐 나머지 실력이 가려졌을 뿐 그림, 문학, 철학 등 넓은 학문
적 스펙트럼을 넘나들며 각 분야에서 최고의 경지에 오른 대단한
인물이다. 추사의 후배였던 신석희에 의하면 추사는 그 당시 중국
선비들 사이에서 '신'으로 숭배될 정도였다. 추사는 K-문화의 선도
자였던 셈이다.

추사는 옛것을 그대로 모방한 기술자가 아니라 새로움을 시도
하는 창작자였다. 그의 예술 세계는 기교를 포함해 마음을 단련하
는 오랜 인생 공부에서 비롯되었다. 추사는 제주도 유배 시절, 아
들 상우에게 '문자향 서권기文字香 書卷氣'라는 내용의 편지를 보내

며 "글을 쓸 때는 가슴속에 맑고 청아한 뜻이 갖추어진 다음에야 손을 움직여야 한다."라고 말했다. 덕과 지식을 깊게 쌓으면서 자신의 마음이 지향하는 바를 돌이켜 보고 그에 따라 행동하도록 노력해야 그에 걸맞은 글과 그림을 얻을 수 있다는 의미였다. 그런 추사에 대해 후학 민규호는 "맑고 유연하고 평온하며 함께 이야기 나누는 이들을 모두 즐겁게 해 주었으나 옳고 그름에 대해서는 칼같이 분명하여 사람들이 춥지 않아도 덜덜 떨었다."라고 기억했다.

추사는 어려서부터 마음을 단련해 온 바탕이 있었다. 추사 본인의 표현에 따르면 이러한 마음공부를 병행해야 '남의 것을 따라 흉내나 내는 게 아니라 영혼의 오랜 수양 끝에 말로 표현할 수 없는 황홀한 기운이 찾아와 개성을 드러내는 수준으로 도약'하게 된다.

추사의 수준 높은 예술성과 학문적 성과에는 선천적인 면도 있지만 환경에 영향받은 측면이 더 많았다. 추사 스스로도 이를 인정하고, '모든 사람이 아이 적에는 총명하나 삶의 모습이 제각각인 까닭은 어떤 환경에서 자라느냐의 영향을 받기 때문'이라고 여겼다. 자극받을 만한 게 적고 궁벽한 곳에서 자란 사람의 재능은 아무리 뛰어나더라도 이를 발휘하지 못한 채 소멸된다고 보았다. 그는 안정된 정서적 배경과 웅장한 지식의 보고를 접해야 눈과 마음이 트이면서 고루해지지 않는다고 생각했다. 추사는 제주에 유배되었을 때 제주의 열악한 인문·자연 환경으로 인해 인재가 나오기 힘들다고 안타까워했다. 일례로 제주 곳곳에 널린 수선화를 제주인들이 아무렇게나 방치하는 것을 보고 이들의 열악한 감수성에 경악을 금치 못하기도 했다. 추사는 타고난 기질보다 후천적인 환경 요인이 성장에 더 큰 문제라고 여겼다.

추사가 이런 생각을 하게 된 배경에는 본인의 경험이 크게 작용했다. 추사는 경주 김씨의 노론 가문에서 태어나 고위 관직을 두루 거친 부친 덕분에 부족함 없는 어린 시절을 보냈다. 워낙 명망 높은 가문이다 보니 김정희가 살던 고택에는 구하기 어려운 책을 포함해 수만 권의 장서가 보유되어 있었다. 유학 서적은 말할 것도 없고, 선비라면 멀리해야 할 불교, 도교를 비롯한 잡학 분야의 책까지 소장했다. 이 덕에 추사는 어려서부터 다양한 책을 원 없이 읽었다. 게다가 그는 어떤 책이 어디에 꽂혀 있는지 기억할 정도로 책을 매우 사랑했다. 대부분의 사람이 평생 책 한 권 읽기도 어려웠던 시대상을 고려하면 추사는 매우 운이 좋은 편이었다.

추사는 시대도 잘 타고났다. 그가 활동하던 때는 개혁 군주 정조와 실학자 정약용, 이덕무, 박제가 등이 앞서 터를 닦으면서 진취적인 분위기가 생겨나기 시작하던 참이었다. 이들은 그간의 보수적이고 폐쇄적인 공부 분위기를 바꾸고자 했다. 이런 환경에서 추사는 남들보다 자유롭게 풍족한 지식의 기틀을 마련할 수 있었다. 추사에게는 집 안뿐만 아니라 집 밖에도 길을 밝혀 주는 환경이 마련되어 있었던 셈이다.

　그리고 결정적으로 그에게는 세 명의 멘토인 박제가, 완원, 옹방강이 있었다. 이 중 박제가는 서얼 출신이었다. 신분의 한계에도 불구하고 그의 고루하지 않은 사고와 높은 학문적 수준이 알려지면서 그는 추사 집안과 친분을 맺었다. 추사 집안이 사람의 인품과 실력을 보고 교류한 덕분이었다. 박제가는 추사가 일곱 살에 대문에 쓴 '입춘대길'이라는 글씨를 보고 추사의 남다름을 알아보았다. 그가 함경도로 유배되었다가 1801년 다시 고향으로 돌아왔을 때 추사가 찾아가기도 했다. 박제가에게 추사는 코흘리개 아이였으나 박제가는 추사를 결코 미성숙한 어린애처럼 대하지 않았다. 그의 재능을 진심으로 아껴 주며 학문적으로 성숙해질 때를 기다렸다.

　박제가는 추사에게 본인의 지식과 생각을 강요하지도 않았다. 청나라에 두 번 연행을 다녀오고 『북학의』를 쓰는 동안, 비판적으로 공부하는 모습을 보여 주었을 뿐이다. 그는 추사가 고루한 지식과 생각에 얽매이지 않고 정확히 탐구해 자신만의 학문 세계를 구축하길 원했다. 추사 또한 신분이나 지위 등이 아닌 인물의 내면에 담긴 모습에 따라 박제가를 존경했다. 추사는 스승의 내면을 이해하고 넓고 깊게 공부하며 기초를 착실히 다져 나갔다. 그런 스승의 영향 덕분에 추사는 주체적으로 공부하는 태도를 기를 수 있었다.

　또 다른 멘토인 완원, 옹방강과의 만남은 우연히 이루어졌다. 추사는 24살에 사신이었던 아버지 김노경을 따라 중국의 연경에 갔다가 그곳에서 그 둘과 만나게 되었다. 이들은 청나라 금석학 분야의 대가들로 추사보다 나이와 명성, 업적 모두 압도적으로 훨씬 위였다. 그럼에도 기꺼이 추사를 만나 격의 없이 토론을 나누면서 막역한 사이가 되었다. 완원과 옹방강 입장에서 추사는 외국인에 한참 나이가 어린 후배였지만, 거리낌 없이 자신들의 예술과 학문 세계를 공유했다. 추사는 그들의 인격에 감동받고 그들의 말 없는 가르침을 제 것으로 온전히 소화해 흡수했다. 이들과의 만남은 짧았고, 자주 만날 수도 없었다. 대신 그들은 편지를 주고받으며 학문적 교류를 이어 갔다. 이들은 편지에서 각자 현재 어떤 공부에 매진하는지 나누며 서로의 공부를 자극했다. 완원은 자신이 쓴 『경해』를 공개하기 전에 추사에게 먼저 초본을 보낼 만큼 추사를 신뢰했다. 완원은 자신이 추사보다 연배나 지위가 높다고 안주하지 않았다. 끊임없이 학문을 탐구하는 추사를 보면서 자신도 공부에 대한 열정과 노력을 불태웠다.

추사가 늘 평탄한 길만 걸었던 것은 아니다. 억울한 누명을 쓰고 제주로 유배를 가기도 했다. 추사는 이때 육체적으로, 심리적으로 힘들었지만 절망하지 않고 어떻게든 버티는 법을 찾았다. 그가 외로운 유배 생활을 견딜 수 있었던 데는 젊은 시절 스승들과 학문적으로 교류했던 것이 큰 영향을 미쳤으리라 본다. 추사의 스승들은 그가 고집스럽게 공부하는 모습을 보며 늘 기뻐했다. 뛰어난 재능을 발휘해 어느 곳 하나 모나지 않게 자기 인생을 만들고자 노력하는 모습에 자극받았고, 오히려 추사 같은 젊은이가 자신들을 찾아와 옆에 있는 것을 고맙게 여겼다. 그들은 서로 의지하며 망망한 학문의 바다를 건너는 애틋한 사이였다. 추사와 스승들은 함께 공부하는 즐거움을 공유하며 더욱 끈끈해졌다. 이런 즐거움 덕분에 그들은 더 깊은 관계를 이어 갔다. 추사가 멘토들에게 받은 사랑과 신뢰, 유대감은 이후 추사가 좌절할 때마다 절망에 빠지지 않게 붙들어 주었을 것이다.

만약 추사가 만난 멘토들이 소피스트형이었다면 어땠을까? 그들은 추사에게 어떻게 해야 조선에서 제일 성공하는 예술가가 될 수 있는지 조언해 주었을 것이다. 잘나가는 예술가답게 최고의 기술과 예술적 기법을 남김없이 전수하면서 말이다. 추사는 천부적인 예술적 재능을 그들을 따라잡는 데 소진했을지도 모른다. 그렇다면 추사체 같은 창의적 예술이 나올 수 있었을까? 역사에 만약이란 가정은 없지만, 아마도 추사가 지금처럼 후대에까지 이름을 떨치는 명필가는 되지 못했을지도 모르겠다.

추사의 멘토 이야기는 특별하다. 평범한 우리로서는 훌륭한 가문에서 뛰어난 재능을 타고난 그가 당대 최고의 학자들과 교류했다는 사실에 공감하기 어려울지도 모른다. 그러나 추사처럼 천재적 재능을 가져야만 훌륭한 멘토와 인연을 맺는 것은 아니다. 좋은 멘토는 성장을 간절히 원하는 사람이라면 누구에게든 보인다. 자신의 마음 그릇에 따라 어떤 유형의 멘토를 만나는지도 달라진다. 추사는 세속적 성공을 떠들고 다니는 이가 아니라, 자신의 성장을 위해 필요한 이를 멘토로 여겼다.

그가 만난 세 명의 멘토에게는 공통점이 있었다. 먼저 그들은 추사의 노력과 열정을 찾아냈다. 그 과정에서 생각을 주입하지 않고 그저 공부하는 모습을 솔직하게 보여 주었다. 이들은 추사가 자신만의 세계를 만들어 가길 원했으므로 주체적으로 성장을 이어 갈 수 있도록 힘이 되어 주었다. 추사는 어떤 삶을 살 것인지 스스로 계획했으며 멘토와의 만남을 통해 자신의 길을 확신했다.

타인과의 만남을 감사하게 여기며 일상을 소중하게 생각하는 사람은 가까이에 있는 멘토를 찾을 수 있다. 멘토는 닿을 수 없는 저 멀리에 있는 게 아니다. 욕심과 어리석음을 내려놓으면 좋은 멘토를 만날 기회를 얻을 수 있다. 추사가 세 명의 멘토를 만난 것은 운이 좋아서가 아니었다. 사회적 신분이나 세속적 성공을 넘어 오래도록 인연을 유지할 멘토를 열심히 찾았을 뿐이었다.

벗과 함께 성장하는 배움을 추구한 공자

공자는 누구보다 배움을 좋아한다고 자신했다. 그는 홀로 공부하는 것도 즐겼지만, 못지않게 벗과 함께 배우는 것도 인생의 즐거움으로 여겼다. 공자처럼 옛사람들은 더불어 공부하기를 권했다. 학우學友, 붕우朋友, 사우師友, 도우道友, 상우尙友. 함께 공부하는 벗을 부르던 말이 많은 이유도 여기에 있을 것이다.

옛사람들은 벗을 사귈 때 나이를 기준으로 어울리지 않았다. 동년배라는 이유로 말을 편하게 하고 허물없이 지내는 사이도 아니었다. 그들에게 벗이란 지향하는 삶의 의미와 태도가 비슷한 사람들끼리 목표를 이루기 위해 함께 노력하는 사이였다. 한자 '우友'가 두 손을 같은 방향으로 맞잡은 모양인 것처럼, 벗은 마음에 품은 뜻에 이끌려 같은 방향으로 걸어가는 사이이다. 옛사람들이 벗을 함부로 사귀지 않은 까닭이 여기에 있었다. 어떤 벗을 사귀느냐는 그 사람의 삶이 어디로 향하는지 보여 주기 때문이다.

하지만 평생 뜻한 바를 한결같이 지키며 살아가기란 어렵다. 살다 보면 신념이 달라지거나 뜻을 바꾸라는 유혹을 받기도 하며, 때론 마음이 약해지기 때문이다. 그래서 옛사람들은 상대방의 마음을 지켜 주고 뜻을 잃지 않게 도와주는 이를 벗이라고 여겼다. 물론 나 하나 살아가기도 바쁜 세상에서 타인에게 이렇게 선뜻 손을 내밀기는 쉽지 않다. 진심으로 다른 사람의 인생까지 챙길 여유도 없거니와 괜히 나섰다가 사이가 틀어진다면 억울하지 않은가.

이와 같은 벗에 대한 세속의 통념을 깨뜨린 이는 율곡 이이였다. 율곡은 어려서부터 함께 소꿉장난을 하며 돈독한 정을 쌓았다고 해서 벗이라고 할 수 없다고 말했다. 서로의 집에 오가며 가족과도 친분을 쌓았다고 해서도 마찬가지이며, 학업을 함께하고 같은 스승에게 배웠다고 해도 친구라 할 수 없다고 보았다. 그러나 현실에서는 대개 감정과 욕망에 이끌려 친분을 쌓고 내 편이라 여기면 무조건 밀어주고 이끌어 주는 일이 많다. 율곡은 이처럼 상대방의 잘못은 눈감아 주고 거짓된 칭찬으로 기분을 맞춰 주면서 서로 벗이라고 치켜세우는 현실에 안타까워했다. 이런 친구 사이는 얻을 이득이 없어지면 길거리의 남보다도 못한 관계가 되기도 한다.

그래서 율곡은 벗을 사귈 때 신중히 가려서 의도적으로 택하라고 말한다. 좋은 벗은 상대방이 이름을 잃지 않게 도와주기 때문이다. 그는 내 이름이 잘못되지 않도록 곁에서 조언하고 응원해 준다. 벗을 사귀지 못하는 것을 걱정할 필요도 없다. 율곡은 '같은 소리는 서로 응하고 같은 기운은 서로 찾으니' 먼저 내면에서 나오는 소리와 기운이 어떤지를 살펴보라고 말한다. 자신의 소리와 기운이 어떤지도 모르면서 외롭다고 아무와 어울린다면 탁하고 어지러운 소리와 기운을 공유해 서로 상처받기만 할 것이다. 벗과는 좋은 소리와 좋은 기운을 공유하는 아름다운 사이가 되는 게 중요하다.

벗과의 사귐을 통한 공부에서는 서로에게 선한 도움을 주는 것이 가장 중요하다. 옛사람들은 이를 『주역』의 '이택麗澤' 개념으로 설명했다. 이택은 맞닿은 두 연못으로 어느 한 연못에 물이 들어오면 다른 연못 역시 마르지 않는다. 서로 물을 대어 주며 모자라지도 넘치지도 않게 돕는 것이다. 반면 어느 한 연못에 썩은 물이 들어오면 다른 연못에도 덩달아 썩은 물이 흘러 들어온다. 그러니 연못에 맑고 깨끗한 물이 들어오도록 노력해야 한다. 선한 뜻을 지닌 벗과의 사귐은 서로의 연못을 맑고 풍성하게 가꿀 수 있게 해 준다. 서로 아첨하며 기분만 맞춰 주는 사이는 서로의 연못을 탁하게 흐려 놔 생명이 살지 못하게 한다. 그보다는 서로의 뜻한 바와 기운을 확인하고 그 마음을 잃지 않도록 응원하고 조언해 주며 힘이 되는 사이가 이택과 같은 친구 사이이다.

그러나 현실은 그렇게 마냥 아름답지만은 않다. 얼마나 많은 이가 학연과 지연 등의 갖가지 구실로 편을 만들고 "우리가 남인가?" 한마디로 서로의 잘못을 감싸 주며 아쉬운 소리를 하는가. 이들은 듣기 좋은 말만 해 주거나 술과 밥을 함께하며 은밀한 험담도 공유해야 돈독한 사이라고 여긴다. 친구라는 이름으로 친구를 괴롭히기도 하지만, 한편으로는 언제 등을 돌릴지 불안해하기도 한다. 이런 이유로 누군가는 인생에서 친구는 필요 없다는 결론을 내린다.

부끄러움을 모른 채 이익만을 도모하는 관계를 벗으로 생각하는 사회에서는 공부가 제대로 행해질 수가 없다.

벗과의 사귐을 통해 어른 공부의 목표를 이루고 싶다면 주위에 어떤 벗이 있는지부터 살펴보자. 벗이 마음에 들지 않는다고 벗을 비난할 필요는 없다. 옛사람들이 말했듯, 누구나 마음의 결이 비슷한 사람끼리 어울리기 때문이다. 벗의 모습은 바로 내 모습이다. 벗을 사귈 때에는 나이나 직업 등 겉모습을 따지기 전에 내가 추구하는 삶의 방향을 생각해 보자. 밝고 유쾌하며 담백하게 살길 원한다면, 그렇게 살기 위해 노력해 보자. 마음은 금방 흔들리기 때문에 일정한 노력과 실천이 따르지 않는 것은 잠시 머릿속을 지나가는 생각이었을 뿐 진정한 뜻이 아니다. 그렇게 노력하고 실천하다 보면 나와 뜻이 비슷한 사람들과 교감하며 의지를 견고하게 다지게 될 것이다. 신중히 선택한 사람과 친구가 되었다면 서로의 뜻과 기운이 흐려지지 않도록 최선을 다해야 한다. 아무 말이나 내뱉는 것을 경계하고, 아무 행동이나 취하는 것을 조심해야 한다. 이러면 벗과 사귀는 일은 곧 내 공부가 된다.

벗과의 사귐은 이택, 즉 내가 먼저 베풀고자 하는 마음으로 시작해야 한다. 조선 후기 다산 정약용과 초의선사의 교유가 그랬다. 실학의 대표적인 학자인 정약용은 자신을 아끼던 정조 임금이 갑자기 세상을 떠나자 정적들로부터 공격받고 전남 강진에서 유배 생활을 시작했다. 누구나 그렇듯 그 역시 초기의 유배 생활은 평탄하지 못했다. 형인 정약전도 흑산도로 유배를 떠났고, 아홉 명의 자녀 가운데 다섯 명은 천연두를 앓으며 죽어 가고 있었다. 게다가 남은 자녀들도 아버지 없이 제대로 교육받지 못해 혹 엇나가지 않을까 전전긍긍해야 했다. 그러나 정약용은 마음을 다잡고 지옥에서도 희망을 찾아냈다.

정약용은 어느 날 방에서 생각을 다스리다가 오직 나만은 지켜야겠다고 다짐했다. 그러자 척박하기만 했던 강진이 달리 보였다. 더 이상 이곳은 절망의 땅이 아니라 희망의 땅이었다. 괴로움을 거둬들이자 생의 가능성이 보이기 시작했다. 이때 눈에 들어온 사람 중 한 명이 초의선사였다.

초의선사는 강진의 찻잎을 떼 와 정약용과 함께 차를 마시며 서로를 위로했다. 정치적으로 몰락한 양반과 출가한 스님의 사귐이었다. 하지만 초의선사와의 만남은 다산에게 새로운 취미를 선물했다. '다도'였다. 다산은 초의선사와 차를 마시면서 차에 대한 선입견을 버렸다. 차란 단순한 음료수가 아니며 차를 마시는 일은 차에 깃든 정신을 마시는 것이라는 사실을 깨달았다. 차를 마시면서 마음을 다스리고 차를 나누는 사람과 소통하니 차를 마시는 행위가 즐거움이자 공부가 되었다. 다산은 초의선사와 만나며 다도 이론을 만들었다. 초의선사도 다산 덕분에 차밭을 경영하고 찻잎을 따는 법 등을 더 발전시켰다. 초의선사와의 교유가 거듭될수록 다산은 마음을 추스르고 슬픔과 분노를 극복하면서 삶의 의지를 다졌다. 신체의 죽음뿐만 아니라 영혼의 죽음을 코앞에 두고 다시 일어선 것이다. 그리고 그 과정에서 『목민심서』를 쓰게 되었다.

초의선사나 다산 모두 상대방의 지위나 처지 등을 고려했다면 교류하지 못했을지도 모른다. 그들은 서로의 기운과 소리에 응해 상대방의 마음에 가까이 다가갔다. 이들은 서로의 연못이 채워지도록 각자의 지식과 지혜를 나눠 주었다. 다산도 초의선사의 배려와 노력을 있는 그대로 받아들였기 때문에 가능한 일이었다. 만약 다산이 그와의 소통을 거부했다면 『목민심서』는 세상에 태어나지 못했을 것이다. 다산과 초의선사는 서로에게 바라는 것 없이 인간에 대한 순수한 연민과 존경의 마음으로 사귀었다. 은은한 차향과 담백한 차 맛 같은 사귐이었다. 초의선사와 다산의 사귐은 어떤 뜻을 지향하느냐에 따라 우정뿐만 아니라 공부도 달라짐을 보여 준 좋은 사례이다.

자유로운 교류의 장, 카페의 등장

17세기 무렵 프랑스에 카페가 등장했다. 당시 카페는 단지 커피만 마시는 곳이 아니었다. 그보다는 누구나 편하게 커피를 마시면서 이야기를 나누는 곳으로 많은 사람에게 인기를 끌었다. 이곳에는 다양한 직업과 관심사를 지닌 사람들이 모여들었다. 주로 귀족이 주도했던 사교 공간인 살롱과 대비되는 곳이었다. 살롱을 출입하기 위해서는 귀족 주인의 초대장이 필요했으므로 그곳에서는 신분과 취향이 비슷한 사람들이 비밀스럽게 교류했다. 사회적 지위가 바탕이 되는 모임이었기 때문에 대화에도 어느 정도 제약이 있을 수밖에 없었다.

반면 카페에 출입할 때는 초대장이 필요 없었다. 누구든지 커피 한 잔만 사면 자유롭게 앉을 수 있었다. 타인의 시선을 의식하거나 조심스럽게 대화할 필요도 없었다. 그 덕에 특권 계층인 귀족과 성직자 외에 제3의 신분들은 카페에서 정치, 사회, 문화, 예술 등을 논하며 의식을 고양했다. 특히 18세기에 카페가 대중화되자 이곳에서부터 계몽사상의 바람이 불었다. 특히 위대한 계몽사상가로 평가받는 장 자크 루소Jean Jacques Rousseau의 삶은 카페와 맞닿아 있다.

루소는 시계공의 아들로 태어났지만, 어머니는 출산 후유증으로 일찍이 돌아가시고 아버지는 그가 열 살이 되던 무렵 귀족과 다투는 일에 휘말려 그를 버리고 집을 나갔다. 게다가 아버지가 끝내 재혼하자 아버지와 다시 함께 살 수 있다는 희망마저 버려야 했다.

그는 제대로 돌봐 주는 어른 없이 이 집 저 집 떠돌아다니며 눈칫밥을 먹으며 불안해했다. 20대 이후에는 귀족 집안에 가정교사로 들어가거나 비서 일을 하며 생계를 유지했다. 그런 현실에서도 루소는 밤에는 독서하며 자신만의 사상을 발전시켰다.

1749년, 루소가 독학으로 작성한 「학문과 예술에 대하여」라는 논문이 디종 아카데미의 논문 공모에서 1등을 하면서 그는 젊고 유능한 지성인으로 처음 이름을 알리게 되었다. 이 논문은 학문과 예술, 소위 문명이란 것이 인간을 행복하게 만들기보다 인간과 사회를 타락시켰다는 내용을 담고 있었다. 이 일로 루소는 논쟁의 중심에 서게 되었다. 사람들은 루소의 주장을 놓고 갑론을박을 벌였다. 그는 하루아침에 유명 인사가 되었지만, 그의 열악한 삶은 크게 달라지지 않았다. 루소는 여전히 사회적 신분이 낮았고 재산도 없었다. 게다가 당시는 글만 써서 먹고살기에는 녹록지 않은 사회였다.

그렇다고 루소는 돈을 마련하기 위해 자신의 양심을 팔지는 않았다. 당시 푼돈을 벌기 위해 영혼을 팔아 글을 쓰는 이들이 있었지만, 루소는 유혹에 넘어가지 않았다. 되레 귀족들의 후원을 받아 풍족하게 살아가는 지식인들의 삶을 경멸했다. 학문과 예술이 이기심과 욕망과 결합하면 노예가 된다는 사실을 경계했기 때문이다. 시간이 흐를수록 루소는 정치, 교육, 사상 등 다방면에 걸쳐 지적으로 날카롭고 깊어지면서 최고의 전성기를 누리게 되었다. 그러나 그는 여전히 가난했다. 후원금을 받지 않고 경제적으로 독립해야 지적인 자유를 실천할 수 있다고 여겼기 때문이다. 루소는 악보를 한 장 한 장 필사하는 일을 하며 생계를 유지했다. 하루에 약 세 장씩 필사해 1년에 1,000쪽, 노동에 비해 돈도 안 되는 일이었지만, 루소는 죽기 전까지 고된 노동을 멈추지 않았다.

루소는 이 와중에도 틈틈이 글을 쓰고 지식인들과 교류했다. 그리고 1762년 역사적으로 손꼽히는 교육서인 『에밀』이 출판되었다. 『에밀』은 남자아이를 어른이 될 때까지 1대 1로 양육하고 교육하는 이야기이다. 이 책에서 루소는 자연 상태에서는 모든 것이 선하지만 사회를 접하면서 타락한다는 자연주의 이론을 주장했다. 그러다 보니 자연스럽게 서구 중세 이래로 사람들이 절대적으로 믿어 왔던 신념을 정면으로 문제 삼게 되었다. 중세의 교황과 귀족, 성직자 들은 인간은 태어날 때부터 죄를 갖고 태어난다는 원죄설을 주장했다. 이 설에 따르면 인간은 본래 악하기 때문에 하느님에 의해 구원받아야 했다.

그에 비해 루소는 인간은 본래 선하게 태어났으며 신이 모든 것을 선하게 만들었다고 주장했다. 루소의 논리대로라면 대다수 평민은 특권 신분인 교황과 성직자에 의해 구원받을 필요가 없었다. 자신들의 선한 마음을 잃지 않고 살아갈 수 있기 때문에 특별히 법과 교육이 필요하지도 않았다. 루소는 신이 인간을 독립적 존재로 만들었으니 아이들 역시 자유롭고 평등하게 키워야 한다고 주장했다. 그리고 그 과정에서 성경의 계시성을 인정하지 않고 자연에서 신의 존재를 깨닫는 자연 종교를 주장함으로써 가톨릭계의 반발을 사게 되었다. 결국 『에밀』은 교황청에 의해 금서로 지정되면서 루소는 스위스로 도피하게 되었고, 그의 사회적 생명도 이로써 끝이 났다. 루소는 외출도 하지 못한 채 숨어 지내야 했다. 그러나 그는 자신의 소신을 끝까지 포기하지 않았다. 그의 삶은 구속과 억압에서 벗어나 자유와 평등을 지향했다.

카페는 도덕적으로 타락하고 불평등한 사회에 비판적이었던 루소에게 이상적인 공간이었다. 그는 카페에서 당대의 내로라하는 지성인들과 평등하게 교류했다. 루소는 프랑스의 계몽주의를 대표하는 철학자인 볼테르와 때로는 글로, 때로는 카페에서의 만남으로 다양한 학문적 견해를 나눴다. 카페에서는 타고난 신분이나 재산과 상관없이 얼마나 열정적이고 논리적으로 자신의 주장을 펼치는지가 중요했다. 그중에서도 프로코프라는 카페는 루소와 볼테르가 자주 앉아 이야기를 나눈 곳이었다. 이 두 사람뿐만 아니라 빅토르 위고, 막시밀리앙 로베스피에르, 샤를 몽테스키외 등의 사상가들이 이곳에서 토론하기를 즐겼다. 지금도 이 카페는 활발히 운영 중이고 이들이 토론했던 테이블도 그대로 있다.

카페에 모인 사람들의 직업은 가정교사, 비서, 배우, 학생, 음악가, 의사나 법률가 등으로 다양했다. 이들에게 카페는 선입견을 버리고 상대방의 생각에 마음과 귀를 열어 이야기를 나누는 열린 공부의 상징적 공간이자 서로의 차이를 존중해 주는 평등한 공간이었다. 그곳에서 오간 이야기는 사상으로, 예술로, 더 나아가 법과 제도로 확장되면서 더 나은 사회를 만들어 냈고, 역사의 큰 흐름을 바꿔 놓았다. 우연히 자발적으로 모여 자유롭게 토론하며 서로가 지적, 문화적 자극을 주었던 카페 덕분에 대중들의 의식은 향상될 수 있었다. 살롱 문화만 있었다면 아마도 프랑스 대혁명은 일어나지 못했을 수도 있다.

카페의 매력은 자유로움이다. 카페에서는 지적으로, 문화적으로 열린 생각에 따라 세련된 논리를 전개하는 사람이 인기를 얻었다. 많은 사람이 이들과 대화하면서 자극받기를 원했다. 카페는 불특정한 대중을 위한 놀이터이자 사랑방이었다. 아쉽게도 오늘날의 카페 문화는 예전과는 다르다. 이제는 토론이 아니라 조용히 경치를 즐기거나 소소한 이야기를 나누며 사적인 친분을 쌓는 장소가 되었다. 이곳에서 타인과는 거리를 두어야 한다.

대신 과거의 카페 문화는 인터넷 카페, 동호회나 커뮤니티 등으로 옮겨 갔다. 인터넷 카페는 불특정 대중이 자유롭게 의견을 나누고 정보를 공유하며 각자의 관심사를 채우는 곳이다. 그러나 이제는 카페를 표방한 허울뿐인 공간도 많아졌다. 카페의 본래 의미를 되새기면 남을 비방하고 나와 의견이 같은 자만 가입을 허락하며 선입견을 가진 폐쇄적인 공간이 되어서는 안 된다. 필요한 정보만 얻고 상대방의 생각은 모른 척하는 무임승차자가 활동하는 곳도 아니다. 모두가 평등하고 자유롭게 토론할 수 있어야만 온라인 카페 역시 지적으로, 문화적으로 성숙할 수 있다.

때로는 사회적 지위나 역할과 상관없이 낯선 사람들과 자유롭게 만나면서 일상에 신선한 자극을 받는 공간이 있다면 얼마나 좋을까 생각한다. 낯선 사람들과 낯선 공간에서 만나는 일은 체면과 형식에 구애받지 않고 있는 그대로의 나로서 소통하도록 용기를 주기도 한다. 이런 만남은 때로 건강한 스트레스를 주어 일상의 변화를 가져다준다. 평등과 자유를 통해 서로의 성숙에 기여했던 카페 정신을 오늘날에도 잃지 않고 열린 마음으로 서로의 생각에 귀 기울이는 사회가 다시 돌아오길 바란다.

사물로 만나는
공부

책으로 만나는 공부

현대 사회에서 독서가 유용하다는 건 상식 같은 이야기지만, 평균 수명이 지금의 반도 되지 않았던 고대에는 그런 인식이 흔하지 않았다. 당시에는 전쟁과 전염병, 낮은 생산성, 인간의 통제력이 닿지 않는 기후 환경으로 독서는커녕 제 몸 하나 건사하기도 쉽지 않았다. 그때 인간들이 느꼈을 죽음에 대한 두려움과 공포는 상상을 초월했을 것이다.

그런 시대였는데도, 공자는 독서의 유용함을 이야기했다. 어쩌면 누군가는 공자를 현실 감각이 부족한 낭만주의자라 부를지도 모르겠다. 하지만 인류의 역사를 되돌아보면 공자의 말이 일리 있었음이 확인된다. 공자는 인간에게서 동물처럼 본능에 충실한 삶이 아닌, 지적이고 윤리적인 삶의 가능성을 보았다. 그는 비록 현실의 인간이 동물과 다를 바 없을지라도 문화적 인간을 추구해야 한다고 주장했다. 문화적 인간은 본능 그대로의 삶으로는 불가능하다. 인내와 절제가 동반된 노력을 통해 후천적으로 성취해야 한다. 문화인의 삶을 추구했던 공자는 인간 존재에 삶의 양식으로서 독서가 필요함을 강조했다.

그와 관련해 『논어』에는 다음과 같은 이야기가 등장한다. 공자는 제자들이 『시경』을 읽지 않는 게 답답했다. 『시경』은 중국에 전래하던 민요나 시를 정리하고 편집한 시집으로, 공자는 이를 재편집해 즐겨 읽었다. 제자들에게 되도록 직접적인 가르침을 주지 않던 공자도 『시경』에 관해서만은 답답했는지 이렇게 말했다.

> "『시경』을 읽으면 사람의 감흥을 일으킬 수 있고, 사물을 올바로 볼 수 있으며, 남과 잘 어울릴 수 있고, 잘못을 원망할 수 있으며, 사물의 이름도 많이 알게 된다(『논어』, 「양화」, 자왈子曰 소자하막학부식小子何莫學夫詩 시가이흥詩可以興 가이관가이觀可以觀 가이군가이군可以郡 가이원가이怨可以怨 이지사부邇之事父 원지사군遠之事君 다식어조多識於鳥 수초목지명수초목지명獸草木之名)."

공자의 말처럼 독서는 한 가지 일로 여러 가지를 가능케 할 만큼 가성비가 뛰어나다. 책은 지식을 전달하고 자신을 되돌아보게 하며 감정을 풍부하게 해 주고 남과 어울리는 데도 여러모로 도움을 준다. 게다가 저렴한 비용으로 사람을 기품 있게 만들어 준다. 책 읽는 사람의 모습은 설렘을 주기도 한다. 독서는 시간을 보내는 데도 좋다. 퇴계는 나이가 드니 잠이 없어져 밤새 뒤척인다는 지인의 고민에 그것은 자연스러운 현상이니 그럴 때면 차라리 옛글을 읽기를 권했다. 퇴계다운 조언이지만 맞는 말이다. 누워서 잡생각에 잠을 설치는 것보다는 차라리 조용히 책을 읽는 게 낫다. 이처럼 장점이 많은 책은 경계할 것이 넘쳐 나는 이 세상에서 가까이해도 좋은, 몇 안 되는 것으로 여겨졌다.

그러나 독서가 인간에게 필요한 이유는 이것뿐만이 아니다. 독서는 언어의 세계를 더욱 확장한다. 사람마다 타고나는 언어 표현 능력은 다르기 마련이다. 어떤 사람은 태어날 때부터 남들이 쓰지 못하는 언어를 풍족하게 구사하는 재능을 가지는 축복을 받았다. 그러나 대부분은 평생 동안 중학생 수준도 되지 않는 매우 제한된 단어만을 사용하며 살아간다. 사람들이 한정된 표현을 사용하는 까닭은 굳이 더 많은 단어를 사용할 필요성을 느끼지 못하거나 반복되는 일상에서 색다른 언어를 생각할 여유가 없기 때문이다.

문제는 빈곤한 어휘력이 빈곤한 존재로 이어질 수 있다는 것이다. 독일의 실존철학자인 마르틴 하이데거Mártin Heidegger가 "언어란 존재의 집"이라고 말한 것처럼, 언어는 사물과 세계를 표현하기 위한 도구 그 이상이다. 별다르지 않은 일상의 자잘한 경험도 이를 섬세하게 비춰 주는 언어를 사용하면 특별해진다. 경험에 걸맞은 언어를 사용하지 않으면 경험은 그대로 사라진다. 동일한 경험이라도 어떻게 언어를 사용하느냐에 따라 다르게 남는 것이다.

언어 사용을 통찰력 있게 접근한 해석학 철학자 한스게오르크 가다머Hans-Georg Gadamer의 이야기를 들어 보자. 그는 이미 고정적으로 존재하는 이 세상을 언어로 표현하는 것이 아니라, 언어를 사용함으로써 존재를 만들고 세계를 새롭게 만들어 낸다고 말한다. 세계는 언어로 뱉을 때 비로소 존재하기 시작한다는 것이다. 가다머는 "나의 언어의 한계는 나의 세계의 한계"라며 언어 사용으로 인해 세계가 고정된 것이 아니라 창조될 수 있었다고 이야기했다. 독서는 언어 사용을 도와줌으로써 나의 세계가 지닌 한계를 극복하게 해 준다.

독서란 경험에 특별한 의미를 부여해 줄 표현을 탐색하고 확장하는 일이다. 사진이나 영상처럼 시각적으로 한눈에 보이는 방식으로 경험을 남길 수도 있지만, 언어로 경험을 표현하는 일은 그와는 차원이 다르다. 독서는 존재의 실어증을 극복해 언어를 매개로 나와 타인을 이해하고 교감하게 해 줌으로써 삭막한 삶에 온기를 불어넣는다. 타인이 자신의 경험을 어떤 언어로 어떻게 묘사하는지 마음껏 들여다볼 수 있는 도구가 되어 주며 내 경험과 생각을 다른 사람에게 이해시키거나 이와 반대로 내가 다른 사람을 이해하도록 돕기도 한다. 독서는 존재와 존재 사이의 거리를 좁히며 서로를 연민과 애정의 눈빛으로 이해할 수 있게 한다. 『월든』의 저자 헨리 데이비드 소로Henry David Thoreau는 그래서 독서가 단순히 글을 이해하고 음미하는 차원을 넘어 삶의 본질에 가까워지게 하는 활동이라고 보았다.

일상과 이어지는 독서의 중요성

하지만 안타깝게도 독서만큼 공부에 대한 잘못된 선입견을 갖게 하는 것도 없다. 독서를 지적이고 고상한 취미로만 취급하는 편견 때문이다. 물론 예로부터 독서에는 이론적 지식을 습득하기 위한 목적이 컸다. 그러나 그 외에도 독서는 생활과 밀접한 관계가 있고, 있어야만 한다. 실학자 박지원은 『허생전』에서 생계를 꾸리지도 못한 채 방에 틀어박혀 책만 읽는 백면서생을 비판했다. 독서가 일상생활과 분리되어 있었기 때문이다. 독서가 단지 고상한 취미 활동에 그친다면, 공자가 독서를 사랑했을 이유가 없다. 독서는 공부의 한 방편이고, 삶을 이루는 요소 중 하나이다. 독서는 비루한 일상과 어깨를 마주하며 행해져야 한다. 율곡은 독서와 삶의 경계를 해체한 대표적인 공부인工夫人이었다. 이와 관련해 다음과 같은 일화가 있다.

우계가 어느 날 율곡의 집에 놀러 갔다. 우계는 율곡의 책상 위에 펼쳐진 『시전詩傳』을 보고 궁금증이 생겼다.

"자네는 올해 책을 얼마만큼 읽었소?"

그러자 율곡은,

"올해 '사서四書'를 세 번씩 읽기를 세 차례나 했으니 모두 계산하면 총 아홉 번이오. 다시 또 읽기를 시작해서 지금은 『시전』의 왕풍 부분을 읽는 중이오."

라고 답했다. 우계는 율곡의 독서에 감탄했다. 그러니까 율곡은 『대학』, 『논어』, 『맹자』, 『중용』이 네 권을 모두 합쳐 36번 읽은 것도 모자라 다시 새로 읽기를 시작한 것이다. 우계가 보기에 율곡은 집을 손보는 것을 비롯한 갖가지 집안일에, 늘 사람들을 만나느라 바빠 보였기 때문이다. 그에 비해 자신은 율곡보다 일도 적고 한가한 편인데도 1년 내내 책 한 권을 읽지 않았으니 정말 독서를 좋아하는지 스스로 물었다(『우계집』, 속집 권6, 「잡기」). 비록 고질병 때문에 독서를 하지 못한 것이라고는 하나 독실히 좋아한다면 이와 같이 하지 않을 것이라며, 자신이 말로만 공부를 한 것이라 반성했다. 물론 여기서 우계가 1년 내내 책 한 권을 읽지 않았다는 말은 사실이 아니다. 다만 몸이 아파 주로 집에서 지내는 자신에 비해 훨씬 일이 많아 안팎으로 바쁘게 지내면서도 꾸준히 독서하는 율곡의 모습을 강조하는 말이었다.

일 중독자 율곡은 어떻게 독서할 시간을 냈을까? 율곡에게도 남들과 똑같은 24시간이 주어졌는데 말이다. 그는 독서를 특별한 일로 여기지 않았다. 그저 여러 집안일처럼 일상의 하나로 여겼다. 율곡은 일상의 일을 처리하면서 동시에 책 속 글귀를 음미하고 삶에 적용했다. "이런 일을 겪어 보니 저번에 읽은 구절이 이런 의미였군.", "그런데 그 구절은 이렇게 생각하는 게 이 일에 더 맞지 않을까?" 등의 질문을 책과 자신 사이에 던지고 답을 찾아갔다.

이처럼 율곡은 독서를 일상과 별개로 놓지 않고 삶에서 순환하는 일로 여겼다. 그래서 책을 읽기 전후로 사람이 변하지 않는다면 독서를 한 것이 아니라면서, 일상이 큰 책이고, 책이 일상임을 강조했다. 율곡의 독서에 대한 생각은 성리학이라는 학문적 전통의 영향에서 형성된 것이다. 공부를 제대로 하는 선비라면 독서가 응당 일상의 세계와 밀접하게 관련한다고 여겼다. 이들이 말하는 일상의 세계란 도덕적이고 윤리적인 세계로 독서는 왜 인간다운 사람으로 살아야 하는지 설득하고 이를 실천하도록 돕는 수단이었다.

옛사람들에게 독서의 위상을 공부로 확실히 인식시키고 독서와 관련해 표준을 남긴 대표적인 인물은 중국의 남송 시대 철학자인 주자이다. 주자는 책의 글귀를 이해하는 것을 넘어서 벗, 스승과 함께 글을 토론하는 것까지 독서에 포함했다. 독서 하나로 다층적인 만남을 시도한 것이다. 독서는 책을 매개로 독자와 저자가 만나는 일이다. 이때 독자가 수동적으로 저자가 말하는 바를 받아들이기만 해서는 만남이 제한적으로 이루어진다. 저자의 생각을 완전히 이해하기 위해서는 독자 역시 적극적으로 묻고 답해야 한다.

그뿐만이 아니다. 나와 나, 나와 타인 사이의 상호 문답을 전개하며 행간을 추론하고 본의를 파악하기 위해 노력해야 한다. 독서 활동이 토론으로 자주 이어지는 이유는 독서가 개인적 행위인 동시에 사회적 행위에 속하기 때문이다. 주자는 제대로 된 독서는 타인과의 토론을 거쳐 균형 잡힌 안목을 형성하고 자신이 속한 공동체에도 선한 영향력을 끼친다고 생각했다. 주자의 독서는 항상 이러한 목적에서 벗어나지 않았다. 그는 독서가 지적 호기심을 충족시키는 것뿐만 아니라 마음의 주인이 되어 주체적인 삶을 살아가게 해 주는 데 의의가 있다고 여겼다.

주자는 독서가 잘 살아가기 위한 수단임을 강조했다. 먼저 나에게 절실한 일상의 문제를 탐구한 끝에 마침내 이 세계의 궁극적 이치를 통찰하는 것이다. 물론 연륜이 부족한 이에게 이런 행위는 요원하다. 열리지 않는 단단한 세계의 문에 무자비하게 걷어차이기를 반복할 수 있다. 이에 독서는 세계를 향한 탐구 행위를 보완해 독자가 자신을 적극적으로 탐구할 수 있도록 돕는다. 여기서 독서는 수단일 뿐 '나와 이 세계'보다 더 큰 의미를 지니지 못한다는 점이 중요하다. '나와 이 세계'라는 구체적인 삶과 존재가 추상적인 독서 행위보다 앞서야 한다. 만약 무게중심이 바뀌면 독서에 압도당하는 형국이 된다. 늘 독서는 일상을 잘 살아가기 위한 수단이며 독서는 우리의 일상에 발을 딛고 있어야 함을 잊지 말아야 한다. 주자는 이 점을 상기하며 독서인이란 책에서 얻은 지식과 깨달음을 일상생활에 내면화하고자 노력하는 사람이라고 이야기했다.

고대 로마의 정치가이자 철학자였던 키케로Quintus Tullius Cicero 역시 그런 사람 중 하나였다. 그는 서구 지성사에서 독서에 대한 세간의 인식을 바꾸어 놓았다. 키케로가 살았던 당시 로마에서는 연설에 능한 사람들이 인기가 높았다. 훌륭한 연기를 섞어 듣기 좋게 연설하는 자가 높은 사회적 지위를 획득했다. 젊은이들은 말과 문장을 꾸미며 대중 앞에서 연설하는 능력을 키우는 데 관심을 두었다. 수사학은 출세를 위한 필수 학문이었다. 이에 비해 키케로는 말과 문장이란 사람의 인품과 지혜를 대변하고 진심과 열정이 드러나는 수단이라고 여겼으므로 당시 세태에 불만이 많았다. 진심과 열정은 자신과 다른 사람의 삶을 소중히 여기고 아껴 주는 마음이라고 생각했기 때문이었다.

키케로는 이런 마음이란 노력 없이 얻어지지 않으며 인문학적 소양에서 비롯된다고 보았다. 그는 평소 문학, 역사, 철학, 정치, 법 등 다양한 인문 고전을 읽으라고 말했다. 그러면서 그 안에서 멋진 문장을 뽑아 외우는 것보다 왜 저자가 이런 이야기를 하는지, 이를 자신과 공동체에 어떻게 적용할 수 있을지 생각하는 것이 중요하다고 강조했다. 그리고 이런 고전을 읽으면서 이성과 지혜, 인간과 삶을 바라보는 따뜻한 시선을 기르라고 말했다. 인간을 인간답게 만드는 공부가 갖추어야 할 덕목은 말장난 같은 기법이 아닌, 인간에 대한 따뜻한 시선과 더 나은 삶을 향한 열정에 있음을 역설한 것이다. 키케로는 이런 식의 인문 공부를 라틴어로 '후마니타스 humanitas'라고 이름 붙였다. 후마니타스는 휴머니즘Humanism의 근원이 되는 말이다. 키케로에게 독서는 무엇보다 정치적 행위였다. 독서는 개인을 공동체의 일원으로 재탄생시키고 더불어 살아가는 사회를 만드는 일로 이어지기 때문이다.

고봉 기대승의 끈질긴 독서 인생

고봉 기대승의 연보에서 흥미로운 대목은 유년 시절의 독서 기록이다(『고봉전서』, 「고봉선생연보」). 연보에 따르면 고봉의 독서 인생은 9세부터 시작했다. 독서와 관련된 연보 기록만 옮겨 오면 다음과 같다.

9세(1535년). 『효경』을 읽었다. 손수 『효경』을 베꼈는데 글씨가 반듯했다.

10세(1536년). 날마다 새벽에 일어나 한자리에 바르게 앉아 글을 외고 읽기를 그만두지 않았다.

11세(1537년). 『대학』, 『중용』, 『맹자』 등의 책을 외웠다. 10월 초에 스스로 분발하여 서당에 가서 『대학』을 다 배우고 『한서』 및 한유의 문장을 읽었는데 그해 가 벌써 저물었다.

12세(1538년). 『중용』, 『고문진보』, 『맹자』 등의 책을 읽었다. 『고문진보』를 수백 번 읽고 나니 때는 7월이었 다. 그대로 이듬해 10월까지 읽었다.

13세(1539년). 『사략』을 읽었는데 문리가 밝아졌다.

14세(1540년). 『통감강목』을 좋아하여 날마다 한 권씩 끝까지 읽었는데 문을 닫은 채 차분히 보았으며 먹고 자는 것을 잊기까지 했다. 그 후 차츰차츰 어리 석음이 사라지고 공부가 진전되었다. 『논어』 읽기를 가을에 끝마쳤다. 그해 겨울에는 『서전』을 읽어 모두 외웠다.

16세(1542년). 가을에는 『시전』을 읽고 이어 『주역』을 읽었다. 그사이 1년 반 정도 초심을 잃어 입으로 읊지도 않고 마음으로 생각하지도 않은 시간이 거의 절반을 차지했다.

17세(1543년). 『전한서』,『후한서』,『동국여지승람』을 읽었다.

18세(1544년). 『심경』을 읽었다.

연보는 인물이 한평생 동안 지낸 일을 연월순으로 기록한 것이다. 옛사람들은 선비가 세상을 떠나면 인물의 일대기를 정리하며 연보를 작성했다. 연보는 간략하지만, 이것만으로도 인물의 삶은 충분히 파악할 수 있다. 고봉의 연보에서 가장 흥미로운 대목은 아홉 살부터 시작한 독서다. 고봉의 연보는 사실상 독서기라고 할 만큼 독서 목록이 주를 이루고 있다. 그가 몇 세에 어떤 책을 어떻게 읽었는지 대강 파악할 정도이다.

이쯤에서 고봉이 어떤 사람이었는지 짚고 넘어가 보자. 조선 중기의 성리학자인 고봉은 성균관 대사성에 임명될 만큼 높은 학덕을 인정받았다. 하지만 그가 단순히 옛 전통을 이해하는 일만 잘한 것은 아니었다. 그가 퇴계와 8년간 편지를 주고받으며 '사단칠정논변四端七情論辨'에 대해 논한 일화는 한국 철학사에서도 독보적 이야기로 전해진다. 논쟁은 퇴계가 제작한 천명도天命圖에 젊은 고봉이 이의를 제기하면서 시작했다. 쟁점은 '사단과 칠정의 관계를 어떻게 볼 것이냐'였다. '사단'은 인간이라면 누구나 가지고 있는 착한 마음이다. 유학자들은 사람은 누구나 다른 사람을 측은하게 여기며 그릇됨을 싫어하고, 사양하고 시비를 가리는 마음이 본성에 싹처럼 들어 있다고 여겼다. '칠정'은 희로애락애오욕喜怒哀樂愛惡慾과 같은 감정, 욕구이다. 퇴계는 순수하고 착한 마음인 사단과 육체적 본능으로 절제가 필요한 칠정이 서로 같을 수 없다는 입장이었다.

반면 고봉은 둘 사이를 논리적으로 구분할 수 없으며 사단은 결국 칠정을 통해 나타난다고 주장했다. 우리가 사는 현실에 비춰 보면 고봉의 입장이 더 그럴듯하다. 퇴계는 후에 고봉의 의견을 일부 받아들여 자신의 학설을 수정했다. 고봉은 퇴계보다 훨씬 어렸음에도 논리적으로 거침없이 학문적 견해를 펼치며 퇴계에게 인정받았다.

그가 이러한 독창적 사유를 만든 것은 9세부터 시작해 쉬지 않고 끈질기게 이어진 진지한 독서 덕분이었다. 다만, 15세 무렵에는 1년 반가량 독서에 집중하지 못했다. 고봉은 어머니를 일찍 여의고 외증조모의 손에 자라 그녀를 어머니로 여길 만큼 정이 각별했다. 이때 외증조모께서 돌아가시며 책도 손에서 잠시 놓게 되었다.

그리고 다시 이어진 연보에서 고봉의 독서는 18세까지 기록되어 있다. 19세부터는 고봉의 삶에 변화가 생겼다. 인종의 죽음과 사화의 발생은 고봉에게 충격적인 사건이었다. 고봉은 스스로 좋지 않은 때에 태어난 것을 괴로워하며 두문불출했다. 22세에는 혼인하고 자녀를 낳으면서 가장이 되었다. 이 무렵 기록에는 독서가 보이지 않지만, 그렇다고 해서 고봉이 독서와 거리가 먼 삶을 살았던 것은 아니다. 당시 선비들은 어려서부터 읽은 책들을 평생 여러 번 반복하며 읽었다. 이러한 방식대로라면 고봉은 10대에 읽은 책들을 20대에 다시 읽었을 것이다. 10대의 독서가 외연을 넓혀 가는 목적이었다면 20대의 독서는 깊이를 추구하는 독서였을 것으로 추측된다. 독서로 문리가 트이면서 고봉은 30대부터 자신의 학문적 견해를 드러내기 시작했다.

   고봉의 독서는 백여 차례 이상 반복해 읽으며 책을 통째로 외우는 방식이었다. 고봉이 "이갈이를 할 무렵에 어머니를 여의고 아버지만을 의지했다."라고 밝혔듯 여기에는 아버지의 영향이 컸다. 그는 어린 고봉에게 부지런히 읽으면서 생각하고, 반드시 외우며, 슬쩍 지나치지 말 것을 가르쳤다. 연보를 봐도 고봉이 아버지의 가르침을 실천하고자 노력했음이 드러난다. 그가 책을 통째로 외운 것은 단순히 반복해서 읽는 것이 아니라 진심을 담은 행동이었다. 책에서 저자의 마음을 들여다보고자 했고 와닿는 문장은 마음에 깊이 새겨 삶에서 체험하려고 했다. 고봉은 "언어만 가지고 찾으려 하지 말라."며 독서를 통한 체험을 중요하게 여겼다. 고봉의 말대로 독서에서는 표현에만 관심을 두는 것을 경계해야 한다. 삶에 영향을 주지 못하는 언어는 시간이 지나면 가볍게 휘발되고 말기 때문이다.

여기서 한 가지 의문이 생길 수 있다. 고봉은 어떻게 평생에 걸쳐 독서를 했던 것일까? 특별한 비법이 있었던 건 아닐까? 이에 대해 퇴계의 독서론을 살펴보자.

"마음을 지치게 할 정도로 책을 읽지 마시오. 또한 많이 읽는 것을 멀리하시오. 다만 글의 뜻을 따라가서 그 맛을 즐길 수 있어야 합니다. 깊이 연구하는 일도 일상의 쉽고 명백한 곳에서 나아가 무르익어야 하며, 이미 아는 바에 대해서는 여유롭게 다가가야 합니다. 그리하여 책을 붙잡고 있는 것도, 붙잡고 있지 않는 것도 아닌 상태에서 다만 책을 보는 것을 잊지 말아야 합니다. 그렇게 오래 하다 보면 자연스럽게 글이 이해될 테니 빨리 효과를 보려고 너무 독서에 집착하거나 얽매여서는 안 됩니다(『퇴계집』, 권14, 남시보에게 답하다)."

퇴계는 청년 남언경이 화병으로 고생한다고 하자 몇 가지 조언을 전하고자 이 편지를 썼다. 편지글에 당부하기를 "같은 병에 걸린 사람끼리 서로 아껴 주고, 같은 근심을 지닌 사람끼리 구해 주는 마음에서 부득이 운운한 것"이라며, 자신이 독서를 잘해서 이런 이야기를 하는 것은 아니라는 겸손을 잊지 않았다. 퇴계는 공부를 처음 하는 사람들이 저지르는 실수 중 하나로 "자신을 믿고 너무 지나치고 급박하게 하여 무리하게 탐구"하는 것을 들었다. 남언경은 젊은 혈기에 독서의 효과를 빨리 얻고자 마음을 지나치게 쓴 게 문제라고 보았다. 이에 퇴계는 마음을 해치면서까지 독서할 게 아니라 뜻을 즐기라고 말했다. '편안하고 여유 있는 마음'으로 독서해야 언젠가 저절로 이해되어 얻는 바가 있을 것이라 경고했다. 노장학자 퇴계가 이제 막 학문의 길에 들어선 신진 학자에게 전한 진심 어린 조언이었다. 방법은 단순하다. 순리대로 살아가기. 불순한 감정과 조급함을 버리고 욕심 없이 편안한 마음으로 책을 들여다볼 때, 진정한 즐거움을 맛보게 되어 오래 독서를 할 수 있다.

가까우면서도 절실한 곳에서 시작하는 공부

오랜 세월 동안 살림은 대가와 보수를 묻지 않는 노동, 즉 그림자 노동으로 취급받았다. 경제적 보상을 하지 않아도 된다는 인식

탓에 살림의 가치를 저평가한 편이다. 몇백 년간 이어진 남존여비 사상은 살림을 하찮게 여기는 가장 핵심적인 배경이었다. 맞벌이가 늘면서 가정에서 살림하는 남자의 비중이 늘었다고 하지만 여전히 살림은 여성의 일로 여겨질 때가 많다.

하지만 살림살이란 돈으로 매길 수 없을 만큼 매우 중요하고 가치 있는 일이다. 단순히 집안일이라는 행위를 넘어 가정에 소속된 개개인이 가진 고유한 결을 잘 살려 내는 일이기 때문이다. 생명을 지켜 주는 일일 뿐 아니라 고유한 존재가 자신답게 온전하도록 적극적으로 보살피는 일이자, 누군가를 넉넉하게 성장시키는 일이다. '나라 살림을 잘한다'는 말 역시 곳간이 비지 않도록 유지하는 것 이상으로 부족한 자원을 지혜롭게 사용해 곳간을 더 풍성하게 채운다는 의미를 포함한다. 이처럼 살림은 만만치 않은 일이면서 매우 중요한 일이다.

옛사람들은 살림도 공부의 한 가지로 여겼다. 공부를 제대로 한다면 집안 살림뿐만 아니라 나라 살림도 지혜롭게 운영할 수 있다고 생각했다. 따라서 공부를 제대로 한다면 소소한 일상의 경험을 그냥 지나치지 않고 여기에서 삶의 이치와 방법을 깨달아야 한다고 보았다.

살림 따로 공부 따로 구분하게 되면 살림은 시간을 낭비하는 일이 되므로 최소한의 노력만 기울여야 손해를 보지 않는다. 그러나 살림도 공부와 다를 바가 없다면, 살림에 기울이는 노력과 시간을 아깝게 여길 필요가 없다. 살림은 소중한 공부 시간을 방해하는 천덕꾸러기가 아니라 공들여 노력을 쏟아야 하는 공부의 연장선이다. 공부와 살림을 이분법적으로 구분하는 시각은 공부에 접근하는 여러 통로를 감추는 실수를 저지르게 한다. 한국에서는 자녀들에게 집안일은 신경 쓰지 말고 공부만 하도록 가르치는데, 부모가 살림의 가치를 이해하고 살림을 소중히 여기는 모습을 보여 주는 것만으로도 아이들 역시 살림을 삶의 한 부분이자 공부로 받아들일 수 있다.

옛사람들은 공자가 "아래 것을 배워 위의 것을 이룬다(하학이상달下學而上達)."라고 말한 이래로, 공부는 자신과 가까운 일로부터 시작해야 한다고 여겼다. '상달'은 언어적 명제들을 통해 추상적인 이치를 이해하고 통찰하는 일이다. '하학'은 매일 접하는 소소한 일상을 실천하는 공부이다. 이는 다른 말로 하면 '쇄소응대灑掃應對'라고 불리는 것들로 아침에 일어나 누웠던 자리와 몸을 정돈하고 집 곳곳을 청소하며 집안사람들을 대하는 것 등이 포함된다. 하학은 나와 가까운 일을 하나하나 최선을 다해 행하는 것이다. 하학을 정성껏 하다 보면 상달의 이치를 자연스럽게 깨달으므로 공자는 공부는 하학에서 시작해 상달로 나아가야 한다고 권했다. 공부의 대가들 중에는 이처럼 하학에 통달한 이가 많다. 이들은 하학과 상달은 별개가 아니며 일상이 곧 공부라는 것을 일찌감치 체험했다.

옛사람들은 하학을 무시하고 상달만 하는 이들을 경계했다. 남명 조식이 "요즘 사람들은 손으로 물을 뿌리고 비질하는 절도도 모르면서 입으로는 고상한 이론만 말한다."라고 탄식한 것은 일상 밖에서 공부를 찾는 자들에 대한 비판이다. 하학이 없으면 상달의 공부는 머무를 곳을 찾지 못해 공허해지기 쉽다. 공부는 낮고 가까운 곳에서 시작해야 먼 데까지 나아갈 수 있다. 하학을 무시한 채 상달만 쫓는다면 공부는 나와 먼 곳으로 달아나게 된다. 공부에서 깨달은 바는 다시 일상으로 되돌려 적용할 수 있어야 한다. 그러니 하학과 상달을 분리해서 바라보는 이원론적 인식을 바로잡을 필요가 있다.

이름을 남기지 않은 한 선비가 자신의 하루를 상세하게 기록한 『사부일과』를 보면, 공부와 살림의 경계는 선 그어 놓듯 뚜렷하게 구분되지 않는다. 그의 하루는 오늘날과 크게 다를 바 없었다. 그는 부모를 돌보고 자식을 살피는 일부터 식사와 청소 같은 가사, 지인들과의 사귐, 바깥일 등을 하며 바쁜 하루를 보냈다. 『사부일과』의 저자는 살림할 때는 쉽게 지나쳐서는 안 되고 잘하기 위한 방법을 살펴야 한다고 썼다. 살림의 기본 원칙은 살림 대상을 꼼꼼하게 관찰하고 그 본성을 거스르지 않기 위해 합리적인 방법을 찾아내는 것이다.

살림을 잘하기 위해서는 예민한 관찰과 통찰력이 필요하다. 그래서 남녀 불문하고 살림을 잘하는 사람은 손끝이 야무지고 눈매가 매섭다. 살림을 잘하기로 소문난 친구의 어머니는 죽어 가는 화분도 소생시킬 만큼 예리하셨다. 식물이든 사람이든 물건이든, 본성을 잘 관찰해 각자 생긴 대로 돌본다는 게 그분의 살림 비법이었다. 살림을 잘하기 위해서는 사물을 꿰뚫어 보며 나름의 방법을 익혀야 하는 것이다. 부엌만 살림의 공간인 것도 아니다. 집 안 구석구석 모두가 살림의 공간이므로 공부의 영역은 그만큼 확장된다.

조선 후기 실학자 풍석 서유구는 집안 살림이야말로 공부임을 몸소 보여 주었다. 서유구는 이렇게 생각했다. '공부는 내 삶을 바르게 하여 잘 살자고 하는 일인데, 그렇다면 살림이야말로 공부가 아닌가.' 서유구의 삶은 비슷한 시기를 살다 간 다산 정약용과 종종 비교되지만, 그의 이름은 우리에게 낯설다. 그는 조선의 브리태니커 백과사전이라고 불리는 『임원경제지』를 저술했는데, 이 책은 일상에 필요한 살림에 관한 지식과 지혜, 그리고 농촌에서 자급자족하는 데 유용한 정보를 총망라했다고 평가할 만큼 방대하다. 옛날에는 대부분이 농촌 생활자였으니 『임원경제지』는 살림꾼 서유구 본인의 자급자족 생활 보고서인 셈이다. 서유구는 40대부터 집필을 시작해 30년 이상 이 책에 매달려 79세에 비로소 완성했다.

『임원경제지』의 내용은 주업인 농사부터 집 짓기와 관리, 풍수,

가축, 육아, 요리, 의복, 질병 예방과 처방을 위한 약, 운동과 식이 요법, 독서 및 취미 생활, 돈 관리 등 모든 의식주 영역을 망라한다. 서유구가 추구한 공부는 '자립'과 관련 있다. 그는 의식주를 온전히 제힘으로 책임지고 해내려면 살림의 원리와 방법을 공부해야 하며, 양반이라고 앉아서 글만 읽을 뿐 혼자서 밥도 차려 먹지 못한다면 제대로 된 공부와는 거리가 멀다고 보았다. 생활과 연결되지 않는 추상적인 지식이 아닌, 생명을 유지하고 보존하며 제 기능을 발휘하도록 돕는 지식을 추구한 것이다. 이것이야말로 '진짜 어른의 공부'이다.

서유구는 직접 부모님 밥상을 차려 드리고자 부엌을 드나들며 살림을 맡았다. 당시에는 지금처럼 의식주를 편하게 해결할 방법이 없었으므로 손수 밥상을 차리기 위해서는 텃밭도 가꾸고, 농사도 짓고, 가축도 길러야 했다. 밥을 먹을 공간도 마련해야 했으므로 집도 짓고 고칠 수 있어야 했다. 또 건강을 유지해야 이 모든 일을 해낼 수 있으니 식이요법과 생활 의학 공부도 필수였다.

서유구는 부엌에서 가장 기본적인 요리 도구인 '솥과 도마'를 가까이하는 일이야말로 잘 살아가기 위한 근본이라고 강조했다. 그는 건강을 생각한 식재료와 요리 방법, 맛을 탐구하고, 이를 위해 사람의 몸과 정신을 공부했다. 그에게 밥상 위에 올라오는 밥과 반찬은 인문학과 과학을 융합한 결과물인 셈이었다. 미국의 교육학자 듀이가 요리야말로 최고의 공부라고 한 것과 비슷하다. 서유구는 다른 사람을 관찰하거나 중국과 일본에서 구한 책의 내용을 분석하며 자신에게 맞는 방법을 찾아갔다. 『임원경제지』에는 이처럼 살림꾼 서유구 본인의 관찰과 경험을 정리해 어떻게 해야 더 맛있고 건강하게 살아갈 수 있을까 고민한 결과를 담았다.

당시에 사대부인 서유구가 부엌을 드나들고 여자들이 주로 하는 살림을 담당하는 모습에 곱지 않은 시선을 보내는 이들도 있었다. 그럴 때면 서유구의 어머니는 제 입으로 들어가고 제 몸에 입히는 것이 어디에서 나오고 어떻게 만들어지는지도 모르면서 남이 주는 대로 먹고 입기만 하는 건 도둑이라며 서유구의 공부와 일을 존중하고 높이 평가했다고 한다.

서유구의 진짜 직업은 학자였다. 그는 대대로 학자인 집안에서 태어나 늘 책을 읽고 글을 쓰는 어른들을 보고 자랐다. 그러나 서유구의 집안에는 공부의 경계가 없었다. 손에 닿을 수 없는 추상적인 것이 아니라, 가깝고 익숙하고 구체적인 것을 공부의 재료로 삼았다. 서유구에게 살림은 책을 통해 습득한 이론을 직접 실험하고 실천하는 일이었다. 그는 살림을 통해 이론과 경험을 조화롭게 소화하며 지식으로 흡수했다. 서유구의 살림 정신은 공부가 결국 삶을 건강하고 잘 살게 하기 위한 것임을 보여 준다.

조선 후기에 여성으로서는 유일하게 실학자로 인정받은 빙허각 이씨도 있다. 빙허각 이씨가 추구한 공부는 조선 시대 남성 위주의 공부뿐만 아니라 전통적 여성 공부와도 달랐다. 당시 여성들의 공부란 부녀자가 익혀야 할 교양과 덕목 위주로 제한돼 있었다. 남자들이 사랑채에 모여 당당하게 학문을 토론했다면, 여자들은 집 가장 안쪽에 있는 안채에 주로 머물며 집안일을 담당했다. 여자들의 독서 역시 부녀자로서 도리를 배우는 교훈서가 거의 전부였다.

빙허각 이씨는 이런 분위기에서 여성도 남성과 같이 세상을 바라보는 안목을 길러야 한다고 생각했다. 그는 명문가에서 태어나 어려서부터 익숙하게 학문을 접했으며, 15세에 당대에 이름난 실학자 집안으로 출가해 자신의 공부에 대한 지지를 받았다. 그의 시동생은 앞서 이야기한 서유구이며, 남편 역시 뛰어난 실학자였다. 빙허각 이씨는 특히 여성의 일로 여겨진 살림과 양육에서 다양한 지식을 탐구하며 이를 체계적으로 정리했다. 그녀는 이를 바탕으로 집안 여자들을 위한 공부 교재인 『규합총서』를 저술했다.

빙허각 이씨는 『규합총서』의 내용을 '일상에 없어서는 안 되는 요긴한 지식'이라 일컬었다. 그녀는 살림에 보탬이 되는 지식과 경험을 글로 정리하면서 살림하는 일도 공부임을 보여 주었다. 이런 영향으로 『규합총서』가 나온 지 18년 후에, 그의 시동생인 서유구는 『임원경제지』를 집필했다. 지혜와 안목은 책뿐 아니라 일상에서의 평범한 체험을 지나치지 않고 관찰하면서 키울 수도 있다는 것을 보여 주는 대표적인 이야기들이다. 공부가 마냥 어렵게 느껴진다면, 이 둘의 이야기에서 힌트를 얻었으면 한다.

앞서 말한 것처럼 서유구와 빙허각 이씨는 한집안의 구성원이었다. 시대를 앞서가기 위해서는 홀로 노력하기보다 가족과 친지, 친구를 비롯한 여러 사람의 지지와 도움이 필요하다. 서유구 집안은 가문 대대로 일상의 경험을 그냥 지나치지 않고 더 나은 방향으로 바꾸며 발전시키는 실학 문화를 지향했다. 공부는 일상에 도움이 되어야 한다는 실용적 태도가 몸에 배어 있었던 것이다. 당시 대다수 사대부가 보여 준 공부 태도와는 많이 달랐다. 그렇다고 완전히 새로운 내용은 아니었다. 단지 옛사람들이 추구한 실사구시의 정신을 글과 일상에 접목시키고, 관찰과 사유를 바탕으로 삶과 학문을 내실화한 것이었다. 조선 후기로 갈수록 공부의 초심을 잃고 목적과 수단이 뒤바뀌면서 일상의 경험들이 주목받지 못하게 된 것뿐이었다. 동양철학의 큰 스승인 공자나 주희가 봤다면 크게 실망했을 일이다.

중국 송나라의 유학자 주희는 신유학, 주자학의 거장이자 조선 사상계에 절대적 영향력을 행사한 인물이다. 주희가 이야기하는 이, 기, 심, 성 등의 개념과 이론은 얼핏 들었을 땐 어렵고 복잡하게 느껴진다. 그러나 주희도 일상과 동떨어진 관념의 세계를 공부한 게 아니었다.

주희는 14세 때 아버지를 잃었다. 아버지가 돌아가시면 3년 동안 상을 치른다. 이를 위해서는 복잡한 상례와 제례 절차를 익혀야 한다. 주희뿐만이 아니었다. 서구식 근대 교육이 도입되기 전까지 생로병사, 즉 누군가 태어나고 병들고 죽는 일은 특별한 것이 아니라 온 마을이 함께 겪는 일상적이고 평범한 일이었다. 주희 역시 이런 경험이 쌓이면서 어떻게 의미 있는 삶을 살 것인지 고민했다. 가족, 마을, 사회의 구성원으로서 인간의 위상과 역할을 성찰한 것이다. '나는 어디에서 왔으며 죽으면 어디로 가는 것인가'와 같은 질문을 통해 자신의 정체성을 파고들었다. 주희는 14세 때 시작한 이 고민을 수십 년간 이어 간 끝에 40세에 '가례家禮'라는 학문을 완성했다. 즉, 학문이란 결국 삶의 문제를 해결하고 답을 얻기 위한 노력인 셈이다.

공부는 나에게서 멀리 있는 것에서 찾으려고 해선 안 된다. 일상 밖에서 공부를 찾는 태도는 삶과 공부를 분리하는 위험을 초래한다. 공부하지 않고 보내는 시간을 낭비이자 공부를 방해하는 요인으로 오해할 수 있으며 이로써 일상에서 얻는 성장 동력을 잃게 한다. 그러니 나와 가장 가까운 곳에서 공부를 시작해 보는 것은 어떨까? 내 주위에 보이는 모든 것이 다 공부에 적용될 수 있다. 공부는 자신의 기준에서 가장 구하기 쉽고 행하기 가까운 곳에 뜻을 두면서 시작해야 한다. 그래야 공부가 허황해지지 않는다.

그 중심에 놓인 살림은 특히 더 매일 부지런히 배우는 일이다. 학교라는 특정한 장소에서 특정한 시간에 특정한 지식을 배우는 것만이 공부가 아니다. 우리의 삶은 유한하다. 그리고 자원은 한정되어 있다. 인생이라는 짧은 시간에 한정된 자원을 지혜롭게 쓰는 일, 이것이야말로 제대로 된 살림이며 공부이다. 우리에게 주어진 삶을 의미 있게 살기 위해 매 순간마다 노력하고 그 과정에서 만나는 생명들이 지닌 고유함을 건강하게 지키고자 애쓰는 일, 이것이 우리가 살림을 공부에 포함해야 하는 이유이다.

자연으로 만나는
공부

산책, 머리를 비워 얻는 통찰

산책은 가벼운 마음으로 걷는 일이다. 그냥 걷는 것 자체가 목적이다. 그렇다 보니 산책자들은 주로 한가로움을 느낄 수 있는 길을 따라 걷는다. '한가로움'은 상대적인 개념이므로 어떤 사람은 북적북적한 도시에서도 산책이 가능하지만, 누군가는 반드시 나무가 가득한 흙길에서만 한가로움을 느끼기도 한다. 어느 쪽이든 산책은 마음에 점을 찍듯 잠시 시간을 느리게 만들어 다른 일과들 사이에 여백을 주는 행위이다.

시간 빈곤자time poor인 현대인에게 산책은 시간을 낭비하는 비효율적인 활동으로 여겨질지도 모른다. 어떤 부류의 사람들은 산책조차 생산 활동의 연장으로 취급한다. 회사에서 "김 대리, 잠깐 산책이나 하고 올까?"라는 말은 문자 그대로 걷자는 뜻이 아니라 담배를 피우거나 커피 한잔을 마시며 업무 대화를 나누기 위한 위장용 말에 가깝다. 마음의 여유를 잃고 사는 도시에서는 산책이란 말이 유난히 더 어울리지 않는다.

그렇다면 공부에 매진하던 옛사람들은 어땠을까? 몸만 피곤해지고 별 이득도 없어 보이는 산책이지만, 공부 대가들은 산책을 최상의 공부로 여겼다. '나만 알고 싶은, 아끼면서 하는 공부'가 산책이었다. 산책은 몸을 익숙한 공간에서 벗어나게 해 잡생각을 비워주며 생각에 활기를 불어넣는다. 몸뿐 아니라 머릿속까지 시원하게 바람을 쐬어 줌으로써 가벼운 산책만으로도 몸과 마음은 재충전된다.

안동에는 옛 선비들의 발자취를 따라 걷는 산책길 코스가 있다. 그중 제4코스인 '퇴계예던길'은 퇴계가 청량산을 향해 천천히 걷던 길이다. 퇴계는 어려서부터 청량산에 올라 독서하고 사색할 만큼 이 산을 좋아했다. 스스로를 '청량산인淸凉山人'이라고 부를 정도여서 이 산과 관련된 글을 수십 편이나 남겼다. 퇴계는 자연이 내어준 길을 걷는 일을 독서이자 공부와 매한가지라고 여겼다.

퇴계가 생각한 공부는 배운 바를 실천하고 삶을 단단하게 만드는 일이었으므로 산책도 공부가 되었다. 그는 산을 걸을 때 서두르지 않고 천천히 움직였다. 보이는 것을 하나씩 관찰하고 사색하며 생각을 다듬기 위해서였다. 퇴계는 걷고 쉬면서 산이 보여 주는 변화무쌍한 모습을 순수하게 관찰함으로써 사유가 충만해지는 즐거움을 얻었다. '숲멍', '산멍'을 제대로 즐길 줄 알았던 셈이다.

위대한 생태주의 작가로 평가받는 소로는 『월든』에서 주체적이고 독립적인 삶을 살아가기 위해서는 자신만의 고유한 길을 걸어가야 한다고 말한다. 소로는 이러한 깨달음을 얻기 위한 방법으로 자연을 산책하는 것을 추천했다. 그는 자연을 읽는 행위가 책을 읽는 행위 이상으로 중요하다고 언급하며, 천천히 걸으면서 할 일은 오로지 주변을 바라보는 것뿐이라고 이야기했다. 물질적 가치로 환산하거나 무심하게 스쳐 지나가지 말고, 보이는 것들을 관찰하기를 권했다. 마치 모든 것이 처음인 듯 호기심 가득한 눈을 떼지 못하는 어린아이처럼 말이다. 구름과 하늘, 나무와 산을 관찰하다 보면 변화의 이치와 원리, 자연의 조화와 원리를 이해하고 감탄하게 된다. 주위를 '제대로 볼 줄 알게 되면' 직관과 통찰력이 길러지며 순수, 진실, 소박과 같은 마음으로 충만해진다. 소로는 자연을 산책하는 사람은 우울해질 수가 없다고 말한다. 퇴계와 소로는 서로 다른 시공간을 살았지만, 산책과 관찰, 사색이 독서 이상으로 중요하다는 것만은 공통적으로 잘 알고 있었다.

그렇다면 훼손되지 않은 순수한 자연을 접하기 어려운 현대에는 어떻게 산책이 공부가 될 수 있을까? 요즘의 도시인들은 몸에 대한 주도권을 온전히 갖지 못한 경우가 많다. 몸은 그저 밥벌이를 위한 수단에 그치고 만다. 하루 종일 콘크리트 건물 속 사무실 책상에 앉아 정신노동을 하다 보면 밥을 먹거나 화장실에 갈 때나 겨우 몸을 움직일 뿐이다. 육체노동자도 마찬가지이다. 사무직보다는 몸을 많이 쓰지만, 회사에 매여 기계처럼 노동할 뿐 자유롭지 못한 것은 다르지 않다. 몸이 묶이면 생각도 그에 따라 갇히게 된다. 프랑스 철학자 메를로 퐁티Maurice Merleau Ponty가 "인간의 몸은 정신이 깃들어 있는 생각하는 것"이라고 한 이유가 여기에 있다. 인간은 몸으로 지각하고 사유하기 때문에 몸의 한계는 곧 생각의 한계가 되는 것이다. 산책은 도시인들이 잠깐이라도 몸을 억압하고 정신을 구속하는 일로부터 해방되는 시간이다. 중력의 방해에도 의지로 걷는 그 시간만큼은 얼마나 자유로운가.

틈나는 대로 자연을 산책하던 퇴계와 소로는 몸이 느끼는 역동성이 곧 생각의 역동성으로 이어지는 경험을 했다. 위대한 대자연이 아니더라도 우리 역시 이들처럼 밖으로 나와 주위의 하늘과 나무를 보며 천천히 걷는 일이 필요하다. 나뭇잎이 어제와 달라지진 않았는지, 아침에 보았던 하늘은 어떻게 변했는지, 하다못해 저 멀리 보이는 산의 그림자는 어떻게 달라졌는지. 천천히 걸으면서 눈앞의 변화를 발견하고 그대로 관찰하면 된다. 자신만의 속도로 걸으면서 몸을 움직이는 것만으로도 몸의 주도권을 되찾을 수 있기 때문이다. 온몸으로 변화를 체험하는 시간은 주체적이고 독립적인 나로 재구성하는 힘을 북돋워 준다.

현대인은 눈에 보이는 현상에만 얽매이는 경우가 많다. 평생 동안 경제적 생산 작업을 하고 무언가를 '채우는 일'에만 매달린다. 10대에는 생활기록부를, 20대에는 스펙을, 30대에는 실적을, 40대에는 자산을…… 이처럼 남들과 비교되는 눈에 보이는 성적표를 채우느라 끊임없이 달려왔다. 그에 비해 산책이 가진 성격은 정반대이다. 오히려 가득 채워졌던 것을 비워 내는 일이다. 자연 속을 산책하는 일은 잡다한 생각을 버리게 해 준다. 비우는 일도 채우는 일만큼 중요하다. 꽉 채우는 일에만 몰두하다가 공백을 환기시키는 일은 사고의 전환을 일으킨다. 이는 고정관념과 집착에서 벗어난 창의적인 사고로 이어진다.

그렇다면 산책하는 동안 구체적으로 무엇을 비우면 좋을까? '공자에게 없었던 네 가지四毋' 이야기에서 답을 구해 보자. 공자의 제자들은 스승이 보통 사람에게 있는 '고固·필必·의意·아我'를 끊었다고 이야기했다. '고'는 집착하는 마음을, '필'은 반드시 어떠해야 한다는 마음을, '의'는 선입견에 따른 사사로운 마음을, '아'는 이기적인 마음을 의미한다. 이들 모두 본래의 밝고 지혜로운 마음이 제대로 작용하지 못하게 방해하는 장애물이다. 이러한 방해꾼이 있는 한 공부는 제대로 되기 어렵다. 다행히도 맹자는 '어린아이와 같은 순수한 마음'을 키운다면 마음의 장애물로부터 벗어날 수 있다고 조언했다. 안타깝게도 현대 사회의 살인적 경쟁 시스템은 어린아이와 같은 순수한 마음을 되새길 여유를 주지 않는다. 이때 사용할 수 있는 방법 중 하나가 산책이다. 산책은 만물의 법칙에 순응할 뿐 욕심을 부리지 않는 자연을 거닐면서 잠시나마 순수한 마음으로 돌아가 마음의 장애물을 버리게 돕는다.

자, 퇴계와 소로의 산책 이야기에 감탄만 하거나 먼 훗날 실천할 이야기로 생각하지 말고 당장 나만의 산책길을 찾아보자. 지금 하지 않으면 나중에도 하지 못할 가능성이 높다. 그러니 힘을 빼고 무작정 나가 보는 것이다. 산책할 시간이 없다면? 나 역시 할 일이 많아 산책을 빠진 날이 있었다. 그런데 일과 중에 스마트폰으로 어떤 정보만 잠깐 확인하려다가 의미 없는 기사를 읽으며 30분을 흘려보낸 것을 알게 되었다. 평소 산책 시간은 30분이었다. 그 뒤로는 아무리 바빠도 10분이라도 산책하기로 결심했다. 시간이 없다고 산책은 안 하면서 또다시 스마트폰을 들여다보며 시간을 버리고 있을지도 모르기 때문이다.

걷다 보면 끌리는 길을 만나는 행운도 생긴다. 그리고 나만의 편한 시간대가 생긴다. 하루 10분이라도 산책하는 그 시간만큼은 마음의 여유가 생긴다. 그러다 보면 길에서 만나는 사람들, 생명의 표정, 자연의 모습이 보인다. 산책하기 전에는 동네의 나무가 나를 쳐다보기만 했을 텐데, 이제 나도 나무를 바라볼 줄 알게 되었다. 산책을 일정한 시간과 요일에 꾸준히 한다는 것은 나만의 규칙성을 만드는 일이기도 하다. 내가 통제할 수 있는 일과 시간이 늘어날수록 어른 공부는 실패하지 않고 계속할 수 있다.

여행, 자기 삶의 이야기꾼 되기

인간을 가리켜 호모 비아토르Homo Viator, 즉 여행하는 인간이라고 일컫기도 한다. 인간은 익숙한 곳을 벗어난 낯선 곳을 동경하거나 한곳에 정착하지 못하고 이동하는 본성이 있기 때문이다. 인간이 여행하는 모습은 제각각이다. 어떤 사람은 목적지를 정하고 떠나지만 발길 닿는 대로 떠나는 경우도 있다. 견문을 넓히기 위해 떠나는 사람도, 쉬기 위해 떠나는 사람도 있다. 여행의 길이도 모두 다르다.

지금에야 여행이 일종의 재충전이자 휴식이지만, 고대인에게 여행은 집 밖을 나서는 것만으로도 갖은 모험에 부딪힐 것을 각오해야 하는 고행이었다. 운이 나쁘면 목숨까지 걸어야 했다. '집 떠나면 고생'이라는 말이 허투루 나온 게 아니다. 고대 그리스의 위대한 시인인 호메로스가 지은 「오디세이아」를 보자. 주인공인 영웅 오디세우스는 집을 떠난 지 10년 만에 온갖 고생을 겪은 뒤에야 마침내 고향으로 돌아갈 수 있었다. 여행을 통해 인간은 강인해졌다. 여행은 성인으로 인정받기 위한 통과의례였으므로 죽을 고비를 이겨 내고 돌아온 여행자는 영웅으로 대접받았다. 그러나 이들은 소수에 불과했고, 대부분은 여행이라는 모험에 실패하고 남은 인생을 고독하고 쓸쓸하게 보내야 했다. 그래서였을까. 고대인들은 사람의 인생을 여행에 비유하곤 했다. 뜻대로 되지 않는 인생살이가 예측하기 어려운 여행과 닮았기 때문이다.

우리나라의 고전 설화인 「구복여행」도 오디세우스처럼 한 인간의 성장 과정을 여행에 비유한 이야기이다. 이 이야기에 나오는 주인공은 흥미롭게도 마흔이 넘은 노총각이다. 주인공은 장가도 못 갔고, 제집도 없이 남의 집 허드렛일을 하며 가난하게 살았다. 당시 수명을 고려하면, 늦은 나이를 먹도록 독립하지 못한 미완의 어른이었다. 주인공은 어느 날 남의집살이 신세에서 벗어나기로 결심하고 의미심장하게 서쪽으로 떠났다. 서쪽은 전통적으로 저승을 상징하지만, 주인공에게는 죽음이 아니라 가난한 신세를 벗어나 새롭게 태어나기 위해 도달해야만 하는 곳이었다. 서쪽으로 전진하는 주인공의 여행은 고생길이었지만, 결국 모든 문제를 해결하고 마침내 자기만의 인생을 시작할 수 있었다. 남의집살이 인생에서 '자기살이' 삶으로 가는 길은 죽음을 각오해야 할 만큼 쉽지 않은 여행임을 말해 주는 설화이다.

여행을 바라보는 관점에 변화가 생긴 것은 17세기 중반에 접어들어서였다. '그랜드 투어Grand Tour' 붐 덕분이었다. 그랜드 투어는 영국을 중심으로 유럽 상류층 자제들이 최소 2년 정도 유럽을 돌던 수학여행을 말한다. 이 여행에는 가정교사가 동행했으며, 마지막 여행지는 보통 로마였다. 존 로크, 애덤 스미스 등 유럽 최고의 지성들이 한때 아르바이트로 그랜드 투어 가정교사를 했다는 일화는 유명하다. 이들은 젊은 귀족들에게 여행을 통해 진짜 젠틀맨gentleman으로 성장하도록 매너와 교양을 지도하는 한편, 유흥과 사치에 빠지지 않도록 훈육하기도 했다.

젊은 귀족들은 그랜드 투어를 하면서 인간관계를 넓히고 지리와 역사, 문학 등 갖가지 교양을 습득했다. 그랜드 투어는 문자 중심 교육, 즉 앉아서 책만 읽는 공부를 체험 및 견문 활동으로 넓혔다는 점에서 큰 인기를 끌었다. 당시 어려서부터 문법을 외우고 지식을 암기하는 공부가 판단력을 키우기는커녕 쓸모없는 편협한 지식인을 만든다는 비판이 끊이지 않았다. 18세기 유럽의 부유한 젊은이들은 여행을 통해 진짜 귀족이 될 수 있다고 생각했다.

그랜드 투어 못지않게 여행을 젊은이들의 성장을 위한 관문으로 여긴 우리의 문화도 있었다. 바로 신라의 화랑도花郞徒이다. 화랑도는 수장인 화랑을 중심으로 자유롭게 문무를 익힌 단체였다. 화랑의 무리는 전국 각지를 여행하며 심신 수양을 했던 걸로 유명하다. 이들은 가까이는 경주의 남산을 비롯해 멀리는 금강산과 지리산까지도 방문해 몸과 마음을 갈고닦았다. 화랑도의 여행 목적은 책에서 배운 내용을 직접 눈으로 보고 몸으로 수련하는 것이었다. 아름다운 산수를 돌아다니다 보면 전투 실력뿐 아니라 조국을 사랑하는 마음도 한층 높일 수 있었다. 서민들의 생활상을 살펴보고 공동체를 위한 이타적인 마음도 키웠으며, 효심과 가족애, 우애, 동료 의식까지 모든 덕목을 두루두루 높였다.

『삼국사기』의 기록에 따르면 이처럼 길 위에서 이루어진 배움과 실천 덕분에 화랑의 무리에서 훌륭한 재상과 충직한 신하들이 많이 배출되었다. 생도들은 여행을 통해 패기 넘치는 젊은이에서 지덕체를 겸비한 존경받는 어른으로 성장했다. 화랑도의 여행은 전 국토가 공부의 장이었음을 보여 준다.

하지만 잊지 말아야 할 것이 있다. 여행의 최종 목표는 집으로 무사히 잘 돌아가는 것이다. 아무리 만족스러운 여행지에서도 언젠가는 다시 집으로 돌아가야 한다. 일상에서 도피하고 싶었던 마음은 여행이 진행될수록 망각이 더해져 향수로 바뀐다. 여행은 집으로 돌아와서야 비로소 완전히 끝이 난다. 마치 오디세우스가 불멸의 삶 대신 귀향을 선택한 것처럼, 여행자가 일탈의 경험을 멈추고 집에 돌아옴으로써 여행은 비로소 완전해지는 것이다. 집에 돌아와 낯선 곳에서의 경험을 반추하고 재구성하는 과정을 통해 여행자는 자기만의 내러티브를 만든다.

여행으로 인생을 바꾼 내러티브를 만든 대표적인 인물은 연암 박지원이다. 연암의 대표적 여행기인 『열하일기』는 나온 지 약 200년이 조금 넘었지만, 어른 공부의 단골 사례로 빠지지 않는다. 연암의 삶에서 청나라 여행이 없었다면, 우리는 그의 이름을 기억하지 못했을지도 모른다. 연암이 청나라 여행을 떠난 건 44세 때 일이었다. 당시 여행은 대중적인 활동이 아니었기 때문에 연암은 운이 좋은 편이었다. 당시 실학자로 학문에만 매진하고 있었던 연암은 팔촌 형인 박명원이 공무 수행으로 청나라를 연행하게 되자 자제군관(사신의 가족에게 수행원으로 가서 견문을 넓힐 기회를 준 제도)으로 발탁되어 여정에 낄 수 있었다. 연암은 청나라 여행을 매우 오랜 시간 동안 준비했다. 가방 가득 벼루, 붓, 먹, 공책 등을 챙기며 그동안 책으로만 보았던 것들을 실제로 체험할 수 있는 좋은 기회로 여겼다. 그래서 간절한 마음으로 여행의 전 일정에 임했다.

연암은 당시 조선 시대 주류 지식인들이 그랬듯 처음에는 청나라를 오랑캐라고 여겼다. 청나라는 조선이 그토록 사대했던 명나라를 무너뜨린 강대국이었음에도 조선의 지식인들은 청나라에 적대적이었다. 당시 조선은 군대마저 오합지졸이었음에도 파벌이 둘로 갈라져 북벌론을 외쳐 댔다. 조선의 지식인들이 청나라를 짐승보다 못한 열등한 종족으로 바라본 까닭은 순전히 의리 때문이었다. 인간이라면 도덕성을 갖추고 도덕적 삶을 실천하기 마련이지만, 오랑캐는 짐승과 다를 바 없는 삶을 살며 열등하다고 지레짐작했기 때문이다. 연암도 여행을 떠나기 전만 해도 그들을 차별적으로 바라보았다. 이미 청나라에 다녀온 사람들을 통해 그곳에 대해 공부했음에도 고정관념을 떨쳐 내지 못했다.

연암은 열하로 여행을 떠나면서 출발부터 충격을 받고 인식의 전환을 경험했다. 맹인과의 만남 덕분이었다. 연암 일행은 한밤중에 장마와 홍수로 불어난 강물을 건너야 했다. 빠르게 흘러가는 물살에 모두들 매우 두려워했다. 그런 상황에서 아무것도 보이지 않는 맹인만 차분했다. 연암은 그가 담담하게 강을 건너는 것을 보자, 평소 눈과 귀가 현혹되어 마음의 중심을 잡지 못한 채 살아왔음을 깨달았다. 그래서 이제부터는 보이는 대로, 들리는 대로 믿고 생각하기보다 마음의 눈에 귀 기울이고 선입견을 버리겠다고 다짐한다.

연암은 여정이 거듭되면서 경치를 감상만 하기보다 자신의 마음을 깊게 들여다보았다. 연암의 시선은 외부에서 시작되어 내부에서 멈추었다. 연암은 중국에 가지 못했다면 일생을 헛되이 살 뻔했다며 여행으로 새롭게 눈을 뜬 자신의 모습을 확인했다. 그리고 여행이 끝난 후에는 『열하일기』 집필에 매진했다. 이 책에는 『허생전』도 일부분으로 포함되어 있다. 그는 이후 지방의 군수로 재직하면서 『과농소초』라는 농업서를 저술하기도 했다. 여행 전 연암은 방 안에 갇혀 세상을 비판하는 자였다면, 여행 후의 연암은 세상을 바꾸고자 노력하는 실천자로 바뀌었다.

"앉아서 책만 읽는 바보보다 방랑하는 바보가 더 낫다."라는 말이 있다. 이 말은 길 위에서의 여행 역시 공부가 될 수 있다는 의미이다. 다만 공부와 여행에는 분명한 차이가 있다. 여행은 공부와는 달리 준비하는 순간부터 설렘을 안긴다. 재미없고 지루하다는 느낌보다는 기대와 두근거림이 동반된다. 여행에는 무엇보다 새로움을 발견하는 재미가 크기 때문이다. 책 속에서 새로운 지식을 탐구하는 독서보다, 여행으로 만나는 공부는 생생하게 살아서 다가온다. 낯설고 이질적인 것을 눈과 귀, 입과 손 등 온몸으로 느끼고 소통하다 보면 살아 있는 '나'와 마주하게 된다. 책 속의 공부가 다른 사람들이 이미 완성한 지적 유희를 구경하는 것이라면 여행은 내가 직접 뛰어들어 새로운 지적 유희를 만들어 가는 일이다. 그 생생함이 연암처럼 우리의 인생을 변화시키는 터닝 포인트가 될지도 모른다.

순례, 때로는 성스러운 구도자가 되어

학창 시절 이후 멈춰 있던 공부에 다시 손 내미는 이유는 한 번 뿐인 인생을 덜 후회하며 잘 살고 싶어서가 아닐까. 아이 때는 감수성이 남다르지 않다면 죽음이란 꽤 먼 미래의 일로 여긴다. 그러다 어른이 되면 한 번씩 죽음이 머지않다는 생각을 하게 된다. 그럴 땐 두렵기도 하지만, 어떻게 살아야 잘 사는 것인지 진지하게 고민하는 계기가 된다. 다른 사람의 시선은 부질없으므로 이럴 땐 그저 내면의 목소리에 귀를 기울일 뿐이다.

어른 공부는 이렇게 시작한다. 그래서 공부란 어떻게 해야 잘 살다 갈 것인지를 고민하고 방법을 찾아 내 삶을 의미 있게 만드는 노력이다. 의미 있는 삶을 만들기 위해서는 무엇보다 내 안에 필요 없는 것을 버리고, 가치 있는 일을 채우는 연습이 필요하다. 순례는 삶에서 불필요한 것을 깨닫고, 버리고, 필요한 것을 찾아보게 한다는 점에서 일종의 어른 공부이다.

어른이라면 대부분 자신의 노동을 경제적 가치로 교환해서 살아가기 마련이다. 제 밥벌이를 해내야만 사회로부터 어른임을 인정받는다. 일하는 과정은 마냥 보람되고 즐겁지만은 않다. 그런데 우리는 어쩌다 자본주의 사회의 일꾼으로 살게 되었을까? '개미와 베짱이' 이야기에서는 개미처럼 맡은 바 역할에 충실하면 잘 사는 삶이라고 배웠는데, 왜 아무도 개미처럼 성실하게 살아야 하는지, 왜 베짱이처럼 살면 비난받는지는 알려 주지 않았을까? 사실 동화 속 개미처럼 성실하게 살아야 하는 궁극적인 이유는 기존의 사회를 안정적으로 유지하기 위해서이다. 모두가 베짱이처럼 기타만 치면서 살면 사회는 굴러가기 어렵다.

과거에는 개미처럼 사회를 위해 헌신하는 삶을 누구나 영광스럽게 생각했다. 조회 때마다 '국기에 대한 맹세'를 다짐하고, '나'보다는 '우리'라는 말을 익숙하게 썼으며, 가족과 사회와 국가를 위해 사는 삶을 당연하게 여겼다. '나'는 전체를 위해 존재하기 때문이다. 하지만 늘 나보다 전체를 위해 살다 보면 진짜 나는 사라지지 않을까. 시인인 라이너 마리아 릴케Rainer Maria Rilke는 작정하고 쓴 시 「엄숙한 시간」에서 조국과 민족의 무궁한 영광을 위해 영혼을 갈아 넣는 시간이 아니라 매일 별것도 아닌 일에 웃고 울며 길거리를 오가는 평범한 일상의 시간들이야말로 가장 엄숙하다고 말했다. 조국과 민족을 위해서 열심히 살기에 앞서 나란 사람에 충실하기 위해 열심히 살아야 한다. 그러기 위해서는 내가 누구인지, 내가 어떤 사람인지 아는 과정이 필요하다. 이런 것은 하루아침에 깨달을 수 없다.

순례는 이처럼 잃어버린 자신을 찾는 대표적인 방법이다. 여행 한 번도 떠나기 어려운 마당에 순례라니, 무슨 말인가 싶을지도 모르겠다. 원래 순례는 신앙인이 자신의 죄를 뉘우치고 영혼의 구원을 받기 위해 금욕과 고행을 동반하는 여행이다. 여행이라기보다는 극기 훈련에 가깝다. 순례자는 성스러움을 체험하기 위해 위험과 고통이 따르는 순례를 택한다. 워낙 힘든 일이므로 순례를 계획하거나 떠나는 사람을 보면서 눈물을 흘리며 걱정하는 일도 흔했다. 그만큼 쉽지 않은 일이었기 때문에 14~15세기의 순례자들은 성공적인 순례를 위해서 '신앙심과 인내심이 들어 있는 가방'과 '돈 가방' 두 개를 꼭 준비하라고 조언할 정도였다.

유명한 순렛길로는 유대교의 이스라엘 순렛길이나 이슬람교의 메카 순렛길, 세계문화유산으로 지정된 스페인의 산티아고 등이 있다. 특히 산티아고는 비종교인들 사이에서도 최고의 순렛길로 뽑힐 만큼 대중적으로도 유명하다. 그러나 반드시 산티아고 순렛길이나 제주 올레길을 걸어야만 순례는 아니다. 그저 나의 가장 원초적인 모습을 만날 때까지 걷고 또 걷는 것이니, 어떤 길을 걸을 것인가보다 어떻게 걸을 것인가가 더 중요하다.

특별한 목적 없이 발길 닿는 대로 걷는 산책과는 달리 순례에는 달성해야 할 목적이 있다. 그래서 사전 준비가 꼭 필요하다. 바로 인터뷰이다. 이 인터뷰에서는 스스로에게 질문하고 그에 대한 대답도 준비해야 한다. 누군가를 인터뷰하기 위해서는 대상자에 대한 공부가 필수이므로 질문자는 구체적인 정보를 되도록 많이 찾아서 정리해야 한다. 발품을 많이 팔수록 좋은 질문을 많이 만들 수 있다. 그러니 순례를 계획했다면, 자기 자신에 대한 자료를 공 들여 수집해야 한다. 그리고 질문 리스트를 준비해 길을 걸으면 서 이 질문들을 자신에게 묻고 또 스스로 답을 구해야 한다. 온전 히 자신에게 집중하며 답을 찾겠다는 비장한 결심이 필요하다. 자 신에게 해야 하는 질문, 비장한 결심과 각오, 이 두 가지가 순례의 준비물이다. 그러니 이 두 가지만 있으면 어느 길이든 순롓길이 될 수 있다.

순례로 어떻게 살아갈지 삶을 정리한 대표적인 사람은 영국의 작가 루이스 스티븐슨Louis Stevenson이다. 그는 어려서 작가가 되 고 싶었지만 부모님의 반대로 공학을 전공하다가 자퇴 후 법률을 공부하고 변호사로 살았다. 그러다 프랑스의 르퓌에서 시작하는 길을 떠나면서 앞으로 어떻게 살아야 할지 규칙을 정했다. 순례 끝 에 그는 작가가 되는 길을 선택했고, 자신의 인생을 더욱 확신했 다. 스티븐슨은 훗날 순례 덕분에 자신이 인생을 덜 낭비할 수 있 었다고 말했다. 자신에 대해 공부하고 질문하며 답을 구한 경험을 통해 누군가에게 보여 주기 위한 인생이 아닌, 자신에게 충실한 삶 을 살 수 있었다면서 말이다. 스티븐슨은 순례가 끝나 갈 무렵, 자 신에 대한 인터뷰를 마칠 수 있었다.

모든 순례자는 경건하게 길을 걸어가면서 자신만의 인생길을 만든다. 순례가 끝나고 나면 더 이상 내면을 솔직하게 들여다보는 일도 두렵지 않게 된다. 종교인이 아니더라도 우리 모두에게는 인생에서 구도를 해야 하는 순간이 생긴다. 순례를 하고 나면 자신의 삶을 성스럽게 승화시킬 수 있다. 삶은 누구에게도 하찮지 않고 모두에게 소중하다.

공부의 초심을
지키는 방법

기록

일상다반사의 경험을 성장을 위한 공부로 연결하기 위해서는 성찰이 필요하다. 성찰은 평범한 시간을 손에서 빠져나가는 물처럼 마냥 흘려보내지 않고 삶에 스며들게 해서 나를 변화시킨다. 나이가 들어도 모든 이가 성숙해지지 않는 까닭은 삶을 일부러 곱씹어 보지 않기 때문이다. 매일 똑같은, 평범한 일상이라며 인생을 쉽고 가볍게 여긴다. 그렇다면 당신의 인생에서 특별하고 소중한 것은 무엇인가? 놀랍게도 그것은 거창하고 특별한 것이 아니라 지금, 현재의 평범한 일상들이다. 성찰은 이 소중한 시간들을 더욱 의미 있게 만들어 주는 특별한 작업이다. 성찰은 자신의 삶을 소중하고 감사히 여기게 해 주며 앞으로의 삶을 허투루 살지 않겠다고 결심하게 만들어 준다.

율곡의 이야기를 들어 보면, 성찰에서 가장 중요한 자세를 발견할 수 있다. 율곡은 누구든지 공부를 잘할 수 있는 자질을 가지고 태어나는데도 어영부영 시간만 낭비하며 사는 모습이 꽤 답답했던 모양이다. 시간을 들여 지식을 습득했으면 그 전후의 삶이 조금이라도 달라져야 할 텐데, 아무 변화가 없으니 도대체 뭐가 문제인지 궁금해했다.

예를 들어, 주변에 나쁜 짓을 하고 다니는 이가 있다면, 이런 사람은 가까이하면 안 된다는 것을 누구나 알고 있다. 하지만 속으로는 못마땅하게 여기면서도 그 사람이 하는 달콤한 말에 넘어가고 덩달아 물들어 간다. 율곡은 과감히 관계를 정리하지 못하는 이유는 나쁜 짓을 하는 그 사람 때문이 아니라 내 마음이 진실되지 못하기 때문이라고 말한다. 마음이 자기를 속이고 있다는 것이다. 담배가 건강에 나쁘다는 것을 알지만 담배를 못 끊는 이유도 마찬가지다. 율곡은 이를 의지 탓으로만 돌리지 않았다. 본질적인 원인은 마음 때문이라고 보았다. 마음이 자기를 속이도록 놔두니 그에 따라 몸도 어긋나게 행동한다는 게 율곡이 내린 진단이었다.

그의 이야기를 더 들어 보자. 율곡은 마음이란 가만히 있지 않고 활발하게 움직이는 것이라고 보았다. 마음은 본래 빈 저울처럼 평평하고 고요하지만, 외부 자극을 받으면 감정이 생겨 요동친다. 또 이리저리 따지고 헤아리면서 많은 생각을 하게 된다. 이는 모두 한 마음에서 일어나는 일들이다. 얼굴은 무표정해도 마음속에 온갖 감정과 생각을 담고 있듯 마음은 가만히 있지 않는다. 게다가 이리저리 따지고 헤아리다 보면 거짓으로 마음을 꾸며 낼 수도 있다. 율곡은 이것이 문제라고 보았다. 마음을 진실되게 들여다보고 헤아리지 않으니 잘못된 생각이 싹튼다. 몸은 마음을 따라가므로 결국 아는 것과 행동이 틀어져 버린다. 율곡은 그래서 마음을 항상 거짓 없이 진실되게 바라보라는 의미로 '성誠'을 강조했다.

'성'이란 말言과 이룬다는 의미의 성成이 합쳐진 글자이다. 즉, 말한 바를 꼭 이루는 것, 말과 행동이 일치하도록 생각을 거짓으로 꾸며 내지 않는 것이 '성'이다. 진심, 성심, 참 등의 단어도 이와 같은 뜻이다. 이런 연유로 율곡은 공부의 시작과 끝이야말로 마음을 진실되게 하는 것이라고 강조한 것이다. 그러면서 성의誠意, 즉 거짓 없이 진실되게 생각하는 것을 중요하게 여겼다. '성의'란 마음속에 떠오르는 생각들을 진실되게 들여다보고 마음이 제대로 흘러가도록 방향을 세우는 일이다. 좋은 글귀를 찾아 읽을 때만 감명받을 뿐, 이것이 삶을 좋은 방향으로 바꾸지 못한다면, 마음을 거짓 없이 다시 들여다보아야 한다.

성찰 역시 바로 이것에서부터 시작한다. 성찰은 대상을 반성하고 잘못된 방향을 바로잡는 일이다. 이러한 능력을 타고나지 않았다고 포기할 필요는 없다. 성찰을 위한 훈련을 포기하지 않으면 된다. 이를 위해 아주 오래전부터 많은 사람이 기록을 이용했다. 기록의 방법과 형식은 다양하지만, 수천 년 전부터 꾸준히 이용된 방법은 글로 남기는 것이었다. 옛사람들은 평범한 일상 하나하나를 기록하고 곱씹으며 삶을 들여다보는 일을 중요하게 생각했다. 글을 읽고 쓸 줄 아는 사람들은 어떻게든 기록을 남기고자 애썼다. 그렇다면 옛사람들은 무엇을, 어떻게, 왜 기록했을까?

조선 중기의 성리학자인 남명 조식은 지리산 산청을 대표하는 대학자였다. 남명은 올곧은 선비이자 스승이었으므로 그의 선한 영향 덕분에 제자들 가운데서 임진왜란 당시 수많은 의병이 탄생했다. 공부의 대가라는 별칭과는 달리 남명의 공부 방법은 평범했다. 그는 '배움에 대한 기록學記'이라는 이름을 붙인 공책을 만들어 공부하다가 요긴한 글귀를 발견하면 반드시 세 번 반복해서 소리 내어 읽고 붓을 들어 기록해 두었다.

숙종 대의 문신인 민정중도 좋은 사례이다. 그는 서른 살을 앞두고 이룬 것도 없이 나이만 먹을까 봐 막막하고 답답해했다. 그러다 이렇게 지낼 수 없다고 마음을 고쳐먹고 매일 일어난 일과 공부한 것을 그때그때 기록하기로 결심했다. 중간에 어머니가 돌아가시고 상례를 치르느라 기록을 잃어버리는 일이 생겨 결심이 약해지기도 했지만, 다시 마음을 가다듬고 기록을 이어 갔다. 그는 초심을 지키기 위해 더욱 열심히 기록에 매진했다.

조식과 민정중은 나이도, 사회적 위치도, 공부의 내용도 달랐지만 자신의 일상을 열심히 기록했다는 공통점이 있다. 다만 조식은 여러 번 정제하며 얻은 것을 기록했고, 민정중은 기록하면서 일상을 정제했다는 점이 다르다. 두 사람 모두 공부하면서 잃어버리기 쉬운 마음을 놓지 않기 위해 손수 기록했다는 점만큼은 같다.

다 큰 어른들만 기록을 한 것은 아니었다. 『하와일록』은 조선 후기 안동 하회마을에 살았던 선비인 류의목이 10대 시절 작성한 일기이다. 열두 살의 류의목은 어떤 책을 읽었고, 무슨 일을 했으며, 누구와 함께 시간을 보냈는지 등을 매해 빠짐없이 기록했다. 그는 안동 선비 집안에서 태어났지만, 앉아서 책만 읽지는 않았다. 농사도 지어야 했고 집안의 대소사도 거들어야 했다. 그렇게 하루 종일 집안일을 하다 보니 밤이 돼서야 책을 읽을 여유가 생겼다. 책을 읽고 밖을 내다 보면 밤하늘에 은하수가 반짝이고 강가의 새 우는 소리만 들렸다. 류의목은 이 모든 것을 꼼꼼하게 기록했다. 열두 살부터 편찮으신 아버지를 간호하다가 열다섯 살에는 아버지가 돌아가셨다. 아버지를 여읜 날의 일상도 기록에 남겼다. 슬픔으로 마음이 처연했지만 책에서 읽었던 '낙천樂天'이라는 글귀를 떠올리며 중용의 이치를 곰곰이 생각한다는 글이었다. 류의목은 일상의 희로애락을 담담히 기록하면서 책 속 글귀를 삶에 의식적으로 투영했다.

『쇄미록』은 선조 대 선비였던 오희문이 9년 남짓 작성한 기록이다. 그 기록은 임진왜란 시기와 겹쳤다. 오희문은 매일의 날씨, 가족들의 안부를 비롯해 그날 먹은 음식과 음식을 구한 소소한 이야기부터 전란과 관련된 이야기들을 빠짐없이 기록했다. 평범한 양반 가문의 가장으로 갑작스러운 왜적의 침입에 피란 생활을 하느라 정신이 없었을 텐데도 기록은 이어졌다. 오희문의 기록 또한 난리 중이라는 게 믿기지 않을 정도로 담담하며 하루를 어떻게 보냈는지 구체적으로 그릴 수 있을 정도로 꼼꼼하다. 일이 많았던 날은 많이, 적었던 날은 적게, 더하거나 덜하지도 않았다. 자식들에게 다정한 아버지였던 오희문은 전란 중에도 자식들과 함께 밤을 새우며 이야기하고 놀이를 하며 자식들의 마음을 위로해 주었다. 자녀들과 무슨 책을 함께 읽고 어떤 놀이를 했는지도 썼으며 막내딸 단이가 학질에 걸려 고생하다가 죽자 부부가 오랫동안 애통해한 일도 기록했다.

『양아록』은 조선 중기의 문인 이문건이 16년간 손자 이수봉을 양육하면서 기록한 것으로 국내에 현존하는 가장 오래된 육아 일기로 꼽힌다. 이문건은 손자가 건강하고 바르게 자라 가문을 빛내기를 희망했다. 이문건은 손자를 키우면서 일어난 일을 빠짐없이 기록했다. 손자에게 회초리를 들어 손자가 원망한 것부터 손자가 술독에 빠져 정신을 못 차리는 일까지. 이문건은 매일을 기록하는 동안 자신이 양육을 잘하고 있는지, 제대로 살고 있는지 되돌아보았다. 훗날 손자 이수봉은 할아버지가 남긴 기록을 읽고 뒤늦게 정신을 차려 할아버지가 원하는 인물로 살았다고 한다.

『하재일기』는 구한말 도자기공이었던 지규식이 20년 남짓 자신의 일상을 기록한 것이다. 오늘은 누구를 만나 무엇을 했고, 무얼 먹고 어디를 갔으며 어떤 글을 읽었는지 거의 하루도 빠짐없이 글로 남겼다. 남이 보면 부끄럽고 민망할 일도, 자신의 솔직한 감정들도 담담하게 썼다. 하루의 기록은 많다고 할 수 없었지만 기록을 계속하다 보니 엄청난 분량이 되었다.

누군가 매일을 꼼꼼히 기록하는 모습은 다른 사람에게도 영향을 미친다. 어느 날 우계의 집에 퇴계 선생의 제자인 박제대가 놀러 와 대화를 나누다가 스승의 일기가 화제에 올랐다. 박제대는 퇴계의 일기에 그날의 날씨부터 독서 목록, 대화, 행동한 것 등 사소한 일상이 깨알같이 적혀 있다고 말해 주었다. 박제대와 우계는 스승님이 일기를 적으며 그날의 공부를 성실하게 기록하고 성찰하다 보니 공부가 깊어지신 것이 분명하다며 감탄했다.

옛사람들은 개인적인 기록도 중요하게 여겼지만, 공적인 영역에서도 철저히 기록하는 문화를 만들었다. 가장 대표적인 것이 궁

궐 내 일들을 기록한 『조선왕조실록』이다. 실록은 기록을 담당하는 사관들이 왕과 왕족들을 따라다니며 대화와 행동을 기록한 것이다. 실제로 일어난 일을 소상히 적어야 했기 때문에 왕은 생전에 자신의 실록을 볼 수 없었다.

유생들도 날마다의 공부를 기록했다. 이 기록은 과거 시험에 응시할 때 제출하기도 했다. 여기에는 공부한 책의 행수, 배움을 받은 스승의 관직과 성명까지 기록해야 했다. 관리들도 일하면서 공부한 것들을 기록해 두었다.

옛사람들이 남긴 기록을 살펴보면 의외로 꽤 담백하다. 예를 들면, "비. 『소학』을 빌려 베껴 썼다. 제사를 지냈다."와 같은 형식이다. 종종 감정이나 생각을 섞었지만, 그 역시도 정제되고 담담한 어투로 썼다. 남들 눈에 부끄러울 모습들도 진솔하게 기록했다. 아마도 누군가에게 보여 주기보다 자신을 솔직하게 들여다보는 게 목적이기 때문이었을 것이다. 그리고 거짓 없이 있는 그대로 기록하는 것에 중점을 두었기 때문이었을 수도 있다. 위에 소개한 옛사람들의 기록들을 읽다 보면, 오히려 담담함 속에서도 온갖 감정이 느껴진다. 진솔한 속내가 읽혀 마음이 먹먹해질 때도 있다. 자신의 마음을 담백하게 드러내기 위해 얼마나 애를 썼을지, 그 노력이 대단하다.

우리도 옛사람들의 기록 정신을 활용해 보면 어떨까? 특별하지 않은 일상을 기록하는 게 어색하다면, 옛사람들이 남긴 기록을 읽어 보자. 그들이 평범한 기록을 남긴 이유를 찾을 수 있을 것이다. 이들은 하루 일과를 마치고 조용히 앉아 자신이 남긴 자취를 떠올리며 하루를 정리하고 매듭지음으로써 내일을 단단히 보낼 수 있었다. 그러니 기록할 때는 '있는 그대로 사실을', '담담히' 적는 일부터 연습해 보자. 성찰은 마음을 거짓 없이 진실되게 들여다보는 일이므로 빠짐없이 적는 연습이 필요하다.

디지털과 아날로그가 공존하는 시대이다. 그만큼 무언가를 기록할 수 있는 매체가 다양해졌다. 그러다 보니 종이를 채워야 한다는 부담감이 조금은 사라졌다. 스마트폰과 블로그, 인스타그램 등도 기록 수단이 될 수 있다. 블로그에 일상을 사진으로 남기거나 짧은 글로 쓰면 한두 해가 지나가며 제법 기록이 쌓이게 된다. 한 번씩 포스팅을 꺼내 보면 그날의 내가 어떤 하루를 보냈는지 기억이 떠오른다. 당시에는 억울하거나 슬프거나 속상했던 일들이, 또는 기쁘거나 흥분했던 일들이 기록을 거치면서 담담해진다.

언젠가 70대 할머니가 디지털카메라로 일상을 꾸준히 기록하고, 그것을 시집으로 냈다는 기사를 보았다. 기록을 꾸준히 하기 위해서는 처음부터 자신에게 익숙하고 흥미로운 도구를 사용하고, 기록하는 습관을 기르는 게 필요하다. 다만, 사진을 찍든 영상으로 담든 남에게 보여 주기 위한 가짜 기록이 아니라 진실한 삶을 기록해야 한다.

"늦음을 걱정하지 말라, 걱정해야 할 건 멈추는 것이다."라는 명구가 있다. 언제 시작하는지는 중요하지 않다. 한번 시작했으면 꾸준히 이어 가는 게 중요하다. 온전히 나를 위해, 나 자신의 삶을 기록한다면, 어느 순간 기록이 일상이 되는 순간이 찾아올 것이다.

공유

"덕은 외롭지 않고 반드시 이웃이 있다(덕불고德不孤 필유린必有隣)."

몇 년 전 강의실에서 만난 청년에게 해 준 말이다. 성적과 장학금 때문이 아니라 공부 자체를 즐기며 열심히 하는 모습이 인상적인 청년이었다. 그는 볼 때마다 혼자였다. 이제껏 혼자 공부해 와서 다른 사람들과 같이 공부하는 게 시간 낭비 같고 어색하단다. 성장하려고 최선을 다하는 모습에 그냥 지나칠 수 없어 『논어』의 글귀를 인용해 주었다. "혼자 공부하는 것도 좋지만 함께하다 보면 공부가 더 넓고 깊어질 거예요." 좋은 사람이니 뜻을 같이하는 친구들을 만나 함께 공부하는 즐거움도 분명 느껴 보았으면 했다.

산을 혼자 오르면 사색하며 풍경을 오롯이 즐길 수 있다는 장점이 있지만, 때론 무료하고 힘이 빠져 멈추고 싶을 때가 있다. 언제 다다를지 몰라 막막하기만 한 정상도 누군가와 함께라면 생각보다 수월하게 오를 수 있다. 공부도 그렇다. 혼자서 한다고 생각하면 외롭지만, 누군가 함께한다고 생각하면 갑자기 힘이 생긴다.

옛사람들도 공부란 혼자 탐구하는 것이지만, 때로는 여럿이 함께하는 것도 필요하다는 것을 잘 알고 있었다. 그래서 공부 모임을 만들고 어떻게 하면 구성원이 초심을 잃지 않고 계속해서 모임에 참여하며 발전할 수 있을지 궁리했다. 강회講會는 옛사람들의 대표적인 공부 모임이다. 평소에는 각자 알아서 공부를 하다가 종종 스승, 선배, 후배가 한자리에 모여 공부한 바를 토론하고 격려했다. '때로는 혼자, 때로는 함께'는 옛사람들이 세운 공부 원칙이었다.

선비들은 강회에서 공부 품앗이를 실천했다. 그들이 강회를 만든 이유는 『주역』에 나오는 '이택'의 원리대로 호혜 정신을 실천하기 위해서였다. 혼자 덩그러니 놓인 연못보다 맞닿은 연못이 덜 외롭듯, 공부도 함께하는 이들이 있을 때 서로 의지하며 쉼 없이 이어 갈 수 있기 때문이다.

강회는 단순한 친목 모임이 아니라 '호혜' 정신을 실천하는 것이 기본이었다. 그런데 어디에서나 그렇듯 다른 사람을 경쟁자로 인식하며 자신만 이득을 보고자 하는 사람들이 있다. 이런 인식은 앞에서 이야기했듯, 공부에 대한 잘못된 생각 때문에 생겼다. 함께 성장하는 것이 어색하다는 이유로 한두 사람이 이기적으로 자신의 공부만을 채우고자 하면 강회는 지속될 수 없다. 그래서 옛사람들은 함께 공부할 친구를 고를 때 단순히 나이가 같다고 또는 마음이 끌린다고 아무나 사귀지 않았다. 공부 모임의 규칙을 인내하며 지킬 수 있는 사람인지, 그 사람의 신의를 먼저 충분히 살폈다. 강회는 모임 참가 자격부터 운영 규칙을 허투루 만들지 않았다. 따라서 정해진 규칙을 모두가 공유하고 형식을 엄격하게 지키는 게 중요했다.

남양주에서 운영된 석실서원의 강회 방식을 살펴보자. 석실서원은 조선 후기 북학파를 대표하는 홍대용이 공부했던 곳으로 유명하다. 홍대용은 이곳을 열두 살부터 드나들기 시작해 23년간 공부에 참여했다. 석실서원은 한마디로 장수 모임이었다. 공부 모임이 한두 해도 아니고 몇십 년씩 유지되기 위해 모임 참가자들이 얼마나 노력했을지 짐작이 가지 않는다. 강회는 사적인 공부 모임이라 참가자의 진지하고 성실한 태도가 중요했기 때문이다.

석실서원의 강회는 공부에 뜻을 둔 이를 누군가 추천하면, 그 사람의 신분과 상관없이 모임에 참여하는 것을 허락하는 방식이었다. 공자의 유교무류有教無類, 즉 가르침에는 차별이 없다는 정신을 계승했다. 참여자를 선발할 때는 나이나 집안, 재산 등의 외적인 조건이 아니라, 그 사람이 공부로 얻고자 하는 것이 무엇인지,

모임에 성실히 참여할 수 있는지, 규칙을 준수하며 서로의 공부에 도움이 될 수 있는지를 따졌다. 따라서 입회 시에는 신원을 보증해 주는 추천과 허락이 필요했다. 누군가 추천을 받으면 기존 회원들이 동의해야 입회가 허락되었다. 제대로 된 사람을 추천하지 않으면 신뢰를 잃을 수 있으므로 추천은 신중하게 이루어졌다. 강회가 허울뿐인 공부 모임으로 끝나지 않기 위해서는 이처럼 까다로운 가입 조건이 필수였다. 그 덕에 강회가 열리면 연령이 다양하고 공부 수준이 제각각인 사람들이 한자리에 모일 수 있었다.

일반적으로 강회의 규칙은 다음과 같았다. 매달 공부할 책과 순서, 분량을 정하고, 이를 지키지 않을 시 벌이 주어졌다. 합당한 이유 없이 여러 번 불참하면 탈퇴해야 했다. 이후에는 학우들끼리의 모임에도 참여할 수 없었다. 스승들은 제자들에게 혼자 하는 공부의 위험성을 경계하며 함께 공부하는 것의 중요성을 일깨워 주었다. 반드시 함께 지정된 날에 모여 그동안 공부한 것들을 점검하고, 모임에서 토론해야 했다.

강회의 운영 방식은 세부적인 면에서는 차이가 있었지만, 대체로는 다음과 같았다. 강회는 며칠에 걸쳐 진행된다. 첫날에는 다 같이 산책하거나 담소를 나누면서 각자의 자리에서 다양하게 살던 사람들끼리 소속감을 채우고 친근함을 공유했다. 자연스럽게 어울리다 보면 상대방의 공부 수준뿐만 아니라 됨됨이도 확인할 수 있었다. 둘째 날에는 본격적으로 그동안 공부한 바를 서로가 꺼내 보았다. 그동안의 공부를 점검하는 것이다. 셋째 날에는 공부하면서 들었던 의문을 제기하고 서로 열띤 토론을 했다. 마지막 날에는 서로 예의를 갖추어 모임을 마무리했다. 강회에서는 모임의 참석자, 독서 제목, 내용, 모든 일정 동안의 일을 자세히 기록했다. 기록으로 남긴 이유는 다음 운영자와 참여자들에게 노하우를 공유하기 위함도 있지만, 강회가 잘 운영되고 있는지 점검하기 위한 목적도 있었다.

강회는 평상시에는 혼자 공부하면서 얻은 생각과 성과를 정리하고 이를 다 함께 공유하고 발전시키는 모임이다. 따라서 강회에서 제일 중요한 것은 '토론'이었다. 강회의 형식은 까다로웠지만 토론과 질문은 자유로웠다. 지식 수준이 높은 사람이 낮은 사람에게 강의하거나 의견을 종용하는 방식은 지양했다. 혼자만 주장하고 다른 사람이 질문하고 지적하는 것을 막을 수는 없었다. 토론이 제대로 이루어지기 위해서는 참석자가 공부를 제대로 해 와야 한다. 강회의 목적은 호혜에 있기 때문에 무임승차자가 발생하면 토론이 이루어지기 힘들다. 자기가 공부한 내용을 이해하고 정리해 지적으로 문제를 제기할 수 있어야 한다. 이를 위해서는 합리적인 근거가 뒷받침되어야 하며 자신의 의견만 맞다고 주장을 고집해서도 안 된다. 각자 의견을 제시하며 비판과 협의의 과정을 통해 더 나은 방향으로 생각을 다듬어 나가야 한다.

물론 지식 수준이 높은 사람이 맡아야 하는 역할도 있었다. 이들은 토론이 원활하게 진행되도록 사회를 맡았다. 논점이 흐트러지지 않도록 토론자들의 생각을 정리해 토론이 활성화될 수 있도록 이끌었다. 토론의 방향이 빗나가지 않도록 공정한 심판을 본 셈이다. 이렇듯 좋은 공부 모임은 무임승차하는 사람 없이, 참석자 모두가 호혜에 대한 책임감을 가지며 성실히 공부하면서 만들어진다.

강회의 운영 규칙은 까다로웠지만, 토론 시에는 자유롭게 질문과 대답을 주고받으며 서로의 지식과 통찰을 나눴다. 어떤 질문과 답변이 오가는지는 강회의 수준을 보여 주므로 참석자들은 평상시 사유가 깊어질 수밖에 없었다. 비록 대화에 끼어들지 못하는 이들도 강회에서 오가는 토론들을 들으며 지적 호기심과 안목을 키울수 있었다. 강회가 끝나고 나면, 참석자들은 편지를 주고받으며 일상에서도 토론을 이어 갔다.

옛사람들도 함께하는 공부의 중요성을 일찍부터 깨닫고, 이 모임을 유지하기 위해 서로가 협력했음을 기억하자. 그 기반에 호혜주의 정신이 깔려 있었다는 것도 명심해야 한다. 강회는 겸손하고 성실하면서, 무엇보다 공부를 사랑하며, 나만큼 다른 사람의 공부도 중요하게 생각하는 이들의 모임이었다. 강회에서의 토론은 모임을 마치고 혼자 하는 공부를 자극했다. 안타깝게도 일제 강점기를 거치고 자본주의 경쟁 체제에 살면서 호혜 정신을 실천하는 공부 모임을 찾기란 쉽지 않다. 스펙과 인맥을 쌓기 위해, 단순히 친목을 위해 공부 모임을 이용하는 경우가 있다. 그런 공부 모임은 쉽게 흔들리다가 사라진다. 모임이 끝나고 나면 안타깝게도 시간과 감정만 낭비했다고 후회할 일이 생긴다.

그러니 다시 처음으로 돌아가자. 공자는 틈나는 대로 배우고 익히니 즐겁다며 혼자서도 공부로 인한 즐거움을 얻을 수 있다고 이야기했다. 그러나 이야기는 여기서 끝이 아니었다. 공자는 뒤이어 벗이 먼 곳에서 찾아와 함께하니 매우 즐겁다고 말한다. 먼 곳에서 찾아오는 벗은 누구일까? 이 말은 단지 물리적인 거리를 뜻하는 게 아닐 것이다. 나이, 신분, 재산, 지적 수준이 나와 다른 그 누군가도 모두 포함하는 말이 아닐까? 공자는 삶의 형태는 제각각이어도 공부에 함께 뜻을 둔 이들과 어울려 서로의 공부를 도울 수 있어 더 즐겁다고 이야기했음을 잊지 말아야 한다.

나만의 공부 계획 적기

관심 분야

공부 일정

읽을 책